U0688101

谭 冰◎著

非遗美育文化融入高校思政教育的路径研究

九 州 出 版 社
JIUZHOUPRESS

图书在版编目（CIP）数据

非遗美育文化融入高校思政教育的路径研究 ／ 谭冰
著. 一北京：九州出版社，2024.4
ISBN 978-7-5225-2848-9

Ⅰ.①非… Ⅱ.①谭… Ⅲ.①高等学校－思想政治教
育－研究－中国 Ⅳ.①G641

中国国家版本馆CIP数据核字（2024）第083255号

非遗美育文化融入高校思政教育的路径研究

作　　者	谭　冰　著
责任编辑	周红斌
出版发行	九州出版社
地　　址	北京市西城区阜外大街甲35号（100037）
发行电话	（010）68992190/3/5/6
网　　址	www.jiuzhoupress.com
印　　刷	天津中印联印务有限公司
开　　本	710毫米×1000毫米　16开
印　　张	12.25
字　　数	180千字
版　　次	2024年4月第1版
印　　次	2024年4月第1次印刷
书　　号	ISBN 978-7-5225-2848-9
定　　价	59.00元

目　录

第一章

绪　论

一、研究背景与意义

（一）研究背景

高校思想政治教育肩负着培育德智体美劳全面发展的社会主义事业建设者和接班人的重大任务。当前，高校思想政治教育总体上呈现不断向上向好的态势，但也要看到，随着经济全球化的迅速发展和国内社会的深刻变革，高校思想政治教育遇到的挑战更加严峻、承担的任务更加繁重，同时还存在一些亟待解决的问题。首先，随着社会的发展，人们的文化背景和价值观念变得多样化。高校面对着来自不同地区、不同族群、不同阶层的学生，这使得思想政治教育面临着如何凝聚共识和共享价值观的挑战。不同文化背景下的学生可能具有截然不同的世界观、人生观和价值观，因此，如何在平等、开放的基础上，促进学生形成积极、健康的文化认同和认同感是高校思想政治教育面临的一项挑战。其次，全球化对高校思想政治教育产生了深远的影响。全球化带来了外来文化的冲击，学生容易受到外部价值观的影响，这给思想政治教育传统模式带来了冲击，迫使高校思想政治教育必须不断创新。再次，现代科技的迅猛发展给大学生活和思想政治教育带来了新的挑战。移动互联网和社交媒体对学生的影响日益增加，学生容易受到虚假信息、网络暴力等负面影响，思想政治教育的阐释和宣传面临困难。高校思想政治教育在新时代背景下还兼有文化传承与创新的重要使命，高校思想政治教育必须进行民族性教育，促进文化认同，提升文化自觉，增强文化自信，维护文化安全。所以，高校思想政治教育必然与非遗美育文化结合，实现以文化人、以文育人。

我国的非遗美育文化是中华优秀传统文化的重要组成部分，是各族人民在长期的生产生活实践中形成的宝贵精神财富，涵盖了民间艺术、传统技艺、民俗风情等丰富元素，蕴含着中华民族独特的价值追求、思想观念、人文精神和道德规范，具有深刻而丰富的教育内容，是加强和改进高校思想政治教育的宝贵资源。随着现代社会的发展，传统文化面临着流失和衰退的困境，将非遗美育文化融入高校思想政治教育，可以有效地弘扬、传承和发展传统文化，增强学生对传统文化的认同感和自豪感。非遗美育文化注重培养学生的审美情操和艺术修养，通过学习和体验非遗项目，可以提升学生的审美能力和欣赏水平，培养学生对美的敏感性和审美鉴赏力，这有助于培养学生的综合素质和人文精神，提高他们的艺术素养和文化修养。

非遗美育文化的融入可以促进高校思想政治教育与其他学科的跨学科交叉，打破传统学科之间的壁垒。非遗美育文化涉及艺术、历史、民族学、社会学等多个学科领域，通过与这些学科的结合，可以开展一系列多元化的教学活动和研究项目，提升学生的综合能力和创新能力。

非遗美育文化融入高校思想政治教育，有助于增强学生的文化自信心。在全球化背景下，保持自身文化的特点和独立性十分重要。通过学习和传承非遗项目，学生可以深入了解中国传统文化的博大精深，培养对中国文化的自信和自豪感，对民族精神和传统价值观有更深入的认识和理解。

目前，党和国家已经把"非遗融入高校教育"提上议事日程。2014年，教育部印发《完善中华优秀传统文化教育指导纲要》，要求在大学阶段推进中华优秀传统文化教育；2017年1月10日，国务院印发《国家教育事业发展"十三五"规划》，提出广泛开展中华优秀传统文化教育，培育青少年学生文化认同和文化自信。2017年1月25日，中共中央办公厅印发《关于实施中华优秀传统文化传承工程的意见》，强调要把中华优秀传统文化全方位融入思想道德教育环节，贯穿于高等教育领域。研究非遗美育文化融入高校思想政治教育既是思想政治教育在"全球化"时代背景中，在当前所面临的复杂环境中披荆斩棘、奋勇前进，以自身文化土壤阻抗多元文化思潮侵蚀的必然选择，也是高校思想政治教育在新时代背景下增强文化育人力量、践履文化传承与创新的现实需要。

总之，非遗美育文化融入高校思想政治教育是当前教育改革和传统文化保护的重要课题。通过深入研究，可以实现传统文化的传承与创新，提高学生的文化素养和综合素质，为培养有理想、敢担当、能吃苦、肯奋斗的新时代好青年提供有力支撑。

（二）研究意义

1.理论意义

第一，本研究为非遗美育文化融入高校思想政治教育提供理论依据。本研究通过分析非遗美育文化与思想政治教育的关系，为非遗美育文化融入高校思想政治教育提供理论依据，并立足实际，对非遗美育文化融入高校思想政治教育的可行性和必要性进行探讨，为非遗美育文化融入高校思想政治教育提供现实基础。对理论依据和现实基础的探讨有利于丰富非遗美育文化融入高校思想政治教育的相关理论，从而进一步强化和加深非遗美育文化与高校思想政治教育的融合。

第二，本研究有利于思想政治教育理论的丰富。非遗美育文化为人类所创造，同时又创造着人类自身。非遗美育文化是思想政治教育的重要载体，本课题研究非遗美育文化融入高校思想政治教育的路径，也是出于思想政治教育媒介作用的探讨，由此扩充思想政治教育的范畴。

2.实践意义

第一，有助于非遗美育文化传承发展。非遗美育文化是中华民族传统文化的重要组成部分，具有丰富的历史内涵和艺术价值。将非遗美育文化融入高校思想政治教育，有助于传承和弘扬传统文化。通过学习非遗项目，学生可以深入了解传统文化的精髓，增强对传统文化的认同感和自豪感。这对于培养学生的文化自信心、传统价值观和国家认同感具有重要意义。

第二，有助于大学生思想政治素质培养。非遗美育文化融入高校思想政治教育能够培养学生的思想政治素质。非遗美育文化蕴含着丰富的思想和精神内涵，学生通过学习和实践，能够感悟其中的理念、道德和价值观念，这有助于培养学生的爱国主义情感、社会责任意识、民族自豪感和社会主义核心价值观。非遗美育文化作为一种思想政治教育的手段，能够提升学生的思想政治修养和道德观念。

第三，有助于促进学生思想审美提升。非遗美育文化融入高校思想政治教育可以促进学生的思想审美提升。传统非遗艺术形式具有独特的审美特点，通过学习和体验非遗项目，可以提高学生的艺术修养和审美能力。学生能够欣赏和理解不同艺术形式的美，培养审美情趣和表达能力。这对于提高学生的综合素质、拓展思维领域、增强审美意识具有重要意义。

第四，有助于培养学生综合素质。非遗美育文化融入高校思想政治教育还可以培养学生的综合素质。非遗美育文化涉及艺术、历史、民族学、社会学等多个学科领域，通过与这些学科的结合，可以开展一系列多元化的教学活动和研究项目。这种跨学科的教育方式可以提高学生的学科融合能力、创新能力和综合素质，促进学生全面发展。

总之，本课题研究能够促进传统文化的传承和弘扬，培养学生的思想政治素养，提升学生的思想审美能力，并培养学生的综合素质。这对于建设社会主义核心价值观引领下的社会主义文化强国，培养德智体美劳全面发展的社会主义建设者和接班人，具有重要的现实意义。因此，非遗美育文化融入高校思想政治教育是一项重要的教育探索和实践。

二、国内外研究综述

（一）国外研究现状

1.非物质文化遗产与高校教育

国外研究非物质文化遗产理论起步较早，主要聚焦于非物质文化遗产的概念与保护等方面。联合国教科文组织在《保护世界文化和自然遗产公约》中对非物质文化遗产概念初次界定，2003年联合国教科文组织在颁布《保护非物质文化遗产公约》中对非物质文化遗产概念进行了明确界定，此概念正式被收录UNESCO并得到各个成员国一致认同。自此非物质文化遗产保护成为学者们所关注的核心议题之一。

《保护非物质文化遗产公约》第十四条款规定："各缔约国应竭力采取种种必要的手段，以便使非物质文化遗产在社会中得到确认、尊重和弘扬。"[1]随后联合

---

① 联合国教科文组织.《保护非物质文化遗产公约》[EB/OL].https：//www.sohu.com/a/193810509_100000275，2017-09-22.

国教科文组织在《实施〈保护非物质文化遗产公约〉的业务指南》中，针对这一条款进一步做出如下建议："……在高等学校讲授非物质文化遗产知识，促进跨学科的科学、技术和艺术研究活动。"

从搭建课程体系角度来看，为了让更多的年轻人认识、了解和保护世界遗产，联合国教科文组织编写了《世界遗产与年轻人》，并要求将"人类口头和非物质遗产"学习列入学校的正式课程。因此，世界各国的高校都非常重视非遗的教育传承。比如意大利博洛尼亚大学、日本奈良大学、津巴布韦南安普顿大学、美国哈佛大学以及爱尔兰都柏林大学等，相继将世界文化遗产课程列为国家级课程，并设置了世界遗产专业硕士学位科目。此外，法国还积极搭建课程体系，将非物质文化遗产与不同学科相结合，并将其视作一个独立的新兴学科；针对非遗的数字化保护，图尔大学推出了10门与数字信息处理技术相关的课程。

从创新非遗传承教育方法来看，格拉玛蒂科普鲁（Grammatikopoulou）等在"An adaptive framework for the creation of exergamesor intangible cultural heritage(ICH) education"[1]中提出对于舞蹈类、戏剧类等需要动作变换的非遗项目，以游戏的形式在校园开展非常有利于其传播和传承，并试图建构一种游戏模式。王静怡（Wang）在"Building a network for preserving intangible cultural heritage through education:A Study of Indonesian Batik"[2]中通过访谈及数据分析，以印染技术的传承为例，在行动者网络理论（ANT）基础上提出教育网络的建设对非遗教育的开展意义重大，还探讨了印染工人、博物馆、学校教师、学生在教育网络中的角色互动。

2.美育与道德教育

国外学术界对美育的研究历史悠久，美学理论也较为丰富成熟。"美育"一

---

① Grammatikopoulou A，Laraba S，Sahbenderoglu O，et al. An adaptive framework for the creation of exergames（ICH) education[J]. *Journal of Computers in Education*，2019，6（3）.

② Wang C. Building a Network for Preserving Intangible Cultural Heritage through Education：A Study of Indonesian Batik[J]. *International Journal of Art & amp；Design Education*，2019，38（2）.

词最早出现在席勒的《审美教育书简》中。1793年被誉为"现代美育之父"的席勒在《审美教育书简》一书中提出了"审美教育（美育）"一词，他站在美学的角度思考人性的完善、人类的命运和社会的改良。①在此之前西方的教育学家苏格拉底、柏拉图、康德、黑格尔等都曾分析过审美在道德教育中起到的重要作用。苏格拉底认为"美德整个的或部分的是智慧"②，"美善一致的基础和判断事物美善的标准是功用"。柏拉图终身执着于追求美的根源，他提出使一切事物成为美的本质是"美本身"。他十分重视艺术教育，并在《文艺对话集》中提到："把自然的优美方面描绘出来，使我们的青年不知不觉地从小就培养起对美的爱好，并培养起融美于心灵的习惯。"③康德提出了"美是德性——善的象征"这一伟大命题，他将美和善的关系看作是德育与美育的关系④。

　　20世纪的西方美育研究集中于对马克思主义美育的相关论述中，马克思主义的诞生实现了西方美育思想的根本性变革。在马克思的《1844年经济学哲学手稿》中，有大量关于人类审美活动的论述："人类对美的追求推动了社会的进步……人与客观世界的关系内含着审美关系，在这种关系中人不断发现直到最后自己创造出和谐、有序的众多艺术形象来满足自身愉悦的需要。这一过程就是人的审美活动过程，它对社会的进步和人自身的发展有着重要作用。"⑤马克思从社会实践的角度提出了"劳动产生美"的著名观点，把美的本质建立在唯物主义实践观和历史观的基础上，还提出了关于人的全面发展的论述，揭示了"美"产生的根源，肯定了审美和人之间密不可分的关系。

　　苏联时期著名美学家、"新审美学派"的代表人物之一尤·鲍·鲍列夫的《基本审美范畴》(1960)、《美学引论》(1965)及《美学》(1981)中，从价值论、认

---

① [英]席勒.美育书简[M].张玉能，译.南京：译林出版社，2009：39.

② [苏]奥夫相尼柯夫，等.简明美学辞典[M].北京：知识出版社，1981：189.

③ [古希腊]柏拉图.文艺对话集[M].朱光潜，译.北京：人民文学出版社，1963：44.

④ [德]康德.判断力批判[M].邓晓芒，译.人民出版社，2017：1.

⑤ 中共中央马克思恩格斯列宁斯大林著作编译局.马克思1884年经济学哲学手稿[M].北京：人民出版社，2000：57.

识论、本体论、社会学、心理学、艺术史、艺术形态学、符号论、方法论等多种角度研究了现代美学，主要表达的观点就是：美学研究不能脱离社会历史，对生活的审美认识即是对生活的社会认识，在审美认识问题上，人类劳动和生产实践具有极其重要的意义；在劳动中，人类在改变自然的同时，也改变着自己的本质。这对马克思主义美育思想来说是一种继承和发展。马尔库塞认为技术异化是"单向度的人"形成的决定性因素，他论证了技术理性下的工业社会造成了人的危机，要解决现实困境，马尔库塞将人的解放之路引向了审美领域，通过艺术审美的道路超越了欲望和外部强制，从而不再受制于现存的现实原则的法则，通过对"此在"的美化，实现艺术的"异在"。里德也认为在工具理性和科技理性大行其道的现代社会中，人性的零落与自我的丧失已经成为了亟待解决的社会问题，因而他提出通过"各种不同的主观方面与客观的美相调和"①。

在国外期刊论文中，也有着大量关于美育的研究。澳大利亚学者毛里奇奥·托斯卡普在"Beyond a Pragmatic Account of the Aesthetic in Science Education"②一文中强调了实用主义在科学、艺术和教育中的影响，尽管这种影响存在着优势，但是其中夹杂的工具主义阻碍了美学在三者中的平衡，他力图用本体论差异这一概念补充、平衡美学在实用主义中的不足。美国学者马戈·科利尔的"Aesthetic Education: Surviving Challenging Times"③这篇文章中强调了"disciplinary focus"和"professional beliefs"（学科焦点和专业信念）对美育有着重要作用，强调理解自我美育、他人美育是进行美育教学之前的重要工作部分。

① [英]赫伯特·里德.通过艺术的教育[M].吕廷和，译.长沙：湖南美术出版社，2002：34

② Toscano, M., Quay, J. Beyond a Pragmatic Account of the Aesthetic in Science Education[J]. *Sci&Educ* 30，147–163（2021）.

③ Collier, M., Sánchez, R., M., &Wix, L.（2018）.Aesthetic education: Surviving challenging times[J]. *Journal of Aesthetic Education*, 52（3），107.

（二）国内研究现状

1.非物质文化遗产与高校教育

"非物质文化遗产"（简称"非遗"）是人类文明智慧的结晶。2011年出台的《中华人民共和国非物质文化遗产法》，为学校开展相关非物质文化遗产教育教学提供了法律依据。非遗的学校教育成为一个新兴的学术空间，在学界逐渐引起关注。经过近些年的探索，目前非遗的高校教育实践取得了一定的学术成果，主要体现在以下三个方面。

高校开展的某个非遗项目的个案研究。宋占新和郭亚然的《国家非遗进校园进课堂的传承途径探析——以国家级非遗项目"秸秆扎刻"为例》①，文章以国家级非遗项目"秸秆扎刻"的传承与保护为例，对国家非遗项目的高校教学实践进行了探索。文章指出除了设立专业课程教学，学校的非遗教育还应与课外技能培训和第二课堂教学相结合。另外，池家晗在《地方高校传承非物质文化遗产的价值与路径研究——以黔西南布依族服饰为例》②中明确了非遗可以融入文化学、社会学、教育学等学科，潜移默化地影响学生对非遗的了解和认知。以黔西南布依族服饰为例，分析了目前的高校传承问题，认为构建高校校本课程和开展实践教学是高校开展非遗教育的重要路径和方法。还有《传统音乐非遗融入高校课堂教学研究——以国家级非遗布依族民歌"好花红调"为例》③主要以某一项非遗为研究对象，围绕非遗融入高校教育的教育教学方式、评价机制、师资与环境建设等方面进行阐释，探讨高校传承现状、困境和策略。

非物质文化遗产走进高校的建议构思。李平平在《传承、融合、创新——高

---

① 宋占新，郭亚然.国家非遗进校园进课堂的传承途径探析——以国家级非遗项目"秸秆扎刻"为例[J].遗产与保护研究，2017，2（04）：70—73.

② 池家晗.地方高校传承非物质文化遗产的价值与路径研究——以黔西南布依族服饰为例[J].文化学刊，2020（05）：150—153.

③ 周昌印.传统音乐非遗融入高校课堂教学研究——以国家级非遗布依族民歌"好花红调"为例[J].艺术评鉴，2020（07）：103—104.

校美术教育非遗课程探索》①中探讨了高校美术教育非遗课程的教育模式，强调非遗教育要注重非遗文化与大众文化、流行文化的结合，从而使非遗被更多的学生接受和喜爱。许文娟在《数字化新媒体视域下"非遗"传承模式的探索》②中通过对具体案例的分析总结了当今新媒体在高校非遗研究的应用，如建立资源库，开展在线课程等，并提出未来高校可以开发商业型、政府宣传型、娱乐型、服务型等更多数字化新模式展现非遗风采。此外还有《高校参与非物质文化遗产保护、传承、创新的思考》③《非遗传承融入高校普及艺术教育课程体系简论》④等，对非物质文化遗产走进高校的必要性、有效途径及策略构想展开了深入探究。

非遗对高校思想政治教育的作用分析。刘颖颖认为非物质文化遗产在思政教育中具有重要价值，可以增强大学生政治素质，培育人格以及文化素养。⑤黄伟表明非物质文化遗产运用在高校思政教育可以帮助传承民族文化，建立正确的价值取向，增强少数民族学生的全方位素养。⑥

中国非物质文化遗产的对外汉语教学研究。阮静在《中国的"世界文化遗产"与对外汉语文化教学》⑦中阐释了中国的非物质文化遗产是中国人最为重要的"文化身份"与"文化符号"之一。要将中国的"非物质文化遗产"作为文化教学的重要内容向外国学生讲授，有助于外国学生完整准确地理解中国民族文化的丰富性、完整性、系统性和独特性，同时帮助外国学生不断消除跨文化交际中遇到的一些障碍，并进一步感受和领悟中国人的文化品格和民族精神，提高对中文

① 李平平.传承、融合、创新——高校美术教育非遗课程探索[J].美术教育研究，2020（05）：86—87.

② 许文娟.数字化新媒体视域下"非遗"传承模式的探索[J].扬州教育学院学报，2020,38（01）：38—41.

③ 许婷婷.高校参与非物质文化遗产保护、传承、创新的思考[J].江苏高教，2015（06）：105—106+120.

④ 孙根华.非遗传承融入高校普及艺术教育课程体系简论[J].四川戏剧，2020（05）：159—161.

⑤ 刘颖颖.非物质文化遗产对大学生思想政治教育价值研究[D].河北科技大学，2012.

⑥ 黄伟."非物质文化遗产"在民族地区大学生思政教育中的应用[J].贵州民族研究，2017，（07）：238—241

⑦ 阮静.中国的"世界文化遗产"与对外汉语文化教学[J].中国高教研究，2011（10）：86—88.

的学习热情。作者还提倡实地考察与课堂学习相结合的教学形式，注重讲授内容的生动性、趣味性和适用性。常峻和黄景春在《"非遗"保护理念在汉语国际教育中的传播与应用》①中探讨了非遗融入汉语国际教育的必要性，以及在汉语国际教育专业的课程设置、教学内容、教材编写等方面融入非遗理念的有效途径。还有孙晓飞的《跨文化交际中世界文化遗产与对外汉语教学——以丽江为例论证解析》②、硕士论文《云南非物质文化遗产在对外汉语中的教学研究》（2019）③等。

2.美育与高校思想政治教育

我国的美育经历了曲折的历程，现在经过不断发展取得了很多成绩，特别是改革开放后，美育在素质教育中的作用和地位被国家重新从政策层面确立起来后，对美育问题的研究就成了学界研究的热点。

从高校美育研究来看，当前学术界宏观研究文章较多，主要从美育的功能、意义、现状、面临的困境、实施路径探索、反思等角度进行理论研究，论述我国美育在高校总体现状，而在实施路径探索上多停留在理论设想层面。研究的代表性观点包括：从美育的功能和意义角度研究，主要观点认为美育具有完善人格、培养健全人格、提高学生的审美素养的功能、提高学生的素质的功能。巩琦的《美育对大学生素质教育的促进作用》④一文，主要是从教育与教育目标的背离导致大学教育陷入的困境，引出了美育在促进大学生素质教育上具有的作用，还通过调研，对高校开展美育学科的情况、学生对美育的了解和接受程度以及美育效果等实际问题进行了研究。

从高校美育当前的问题及现状角度研究，张笑梅的《当代高校美育的困境与

---

① 常峻，黄景春."非遗"保护理念在汉语国际教育中的传播与应用[J].浙江师范大学学报（社会科学版），2015，40（01）：51—55.

② 孙晓飞.跨文化交际中世界文化遗产与对外汉语教学——以丽江为例论证解析[J].吉林广播电视大学学报，2015（11）：122—123.

③ 杨一.云南非物质文化遗产在对外汉语中的教学研究[D].云南师范大学，2019.

④ 巩琦.论美育对大学生素质教育的促进作用[D].山东师范大学，2009.

出路》①一文，主要回顾了进入21世纪以来高校美育工作在取得的进步和成效，分析了面临着知识经济、社会转型、市场转轨带来的对素质创新型人才的需要的问题，探索了困境产生的原因以及问题解决的办法。从美育实施路径探索方面研究，王樱的《普通高校美育模式的探索》②一文，针对当前高校美育实施路径存在的不足，提出要构建普通高校复合式美育模式："1+3"模式。从美育发展反思角度研究，黄静的《当代高校美育探讨》③论文中，通过对高校美育的发展进行历史回顾，指出当代高校美育发展现状中存在的问题与不足，以此来说明美育对我国高校教育健康发展的现实意义。

从美育融入高校思政教育研究来看，李天道在《美育与美育心理》中，阐述了美育对低级情感欲望的净化和对高级社会情感的强化，从文化和心理学的角度强调了美育有助于学生对于思想政治教育的硬性要求变成对自由意志的培养。檀传宝在《美学是未来的教育学：德育世界的探寻》④中提到德育美学观和欣赏型德育模式能够对德育中师生关系、教学活动进行审美化的改造。赵伶俐在《大美育效应——美育对学生素质全面发展影响的实证》中，将涉及的美育问题和美育实施的研究者分为三类："其一是原哲学系和中文系的美学教师和研究者的'美学教育'；其二是原音乐、美术和中文系的文艺理论教师及研究者的文学艺术教育；其三是原高校的德育教师和辅导员从人的社会性教育角度，结合美的知识，讲人的外在美和内在美的修养。"⑤骞真、段虹在《美育在思想政治教育中的价值研究》中以美育开启科学之真、引导道德之善、落实育人之美强调了美育在培养学生审美能力、陶冶道德情操、塑造完美人格上不可替代的作用。张廷、杨永杰在《新

---

① 张笑梅.当代高校美育的困境与出路[D].山东师范大学，2008.

② 王樱.普通高校美育模式的探索[D].复旦大学，2012.

③ 黄静.当代高校美育探讨[D].扬州大学，2008.

④ 檀传宝.美学是未来的教育学：德育世界的探寻[M].上海：华东师范大学出版社，2015：1—2.

⑤ 郭成，赵伶俐.大美育效应——美育对学生素质全面发展影响的实证[M].北京：北京师范大学出版社，2017：183.

时代高校美育与思想政治教育融合发展的路径探析》[1]中指出了美育与思想政治教育在教育体系中存在各自为政、在教育过程中存在彼此孤立、在教育环境中存在缺乏协同的问题，并从教育理念、方法和氛围三个方面提出了可供选择的解决路径。这些都是对美育和思想政治教育在主客体方面互动的升华和延伸。

3.非遗美育与高校教育

非遗文化作为美育教育工作的主要内容，国内高校已陆续开始将地域性非遗文化作为美育的教学资源，以丰富的地域特色和特殊的文化内涵为传播内容构建充满新意的高校美育课程，从而使得关于非遗与高校教育结合的研究成果也逐步增加。目前学界有关"非遗美育"与"高校教育"的研究重点主要集中在以下几个方面。

第一，非遗与高校美育教学融合的路径和策略探索。虞敬娴、涂慷以厦门珠绣为例探讨了非遗在高校美育教学和艺术设计中的重要性，并从教学方式、教学内容、实践活动等方面分析了非遗与美育教学融合的实践路径。[2]姜颖认为高校要着力聚焦非物质文化遗产的传承价值，并提出要从家国美、思想美、人格美、劳动美这四方面来构建"四美四育"的高校美育体系。[3]

第二，从传承和创新的视角来进行"非遗美育"的学术研究。张俊杰、屈健以关中地区的国家级非遗美术为研究对象，认为西部地区非遗中深厚的文化底蕴和美育价值对于促进新时代的美育理念和教育公平有着重要的意义，并探讨了西部非遗和美育机制的协同创新。[4]王莎莉认为高校的审美传播要坚守传统优秀非物

① 张廷，杨永杰.新时代高校美育与思想政治教育融合发展的路径探析[J].大众文艺，2019，（24）：236—237.

② 虞敬娴，涂慷.非遗文化在高校艺术设计教育中的探索与实践——以厦门珠绣为例[J].美术教育研究，2023，No.285（02）：55—57.

③ 姜颖.构建非遗视域下应用型本科高校美育体系[N].中国社会科学报，2021-12-14（11）.

④ 张俊杰，屈健.非遗美术与西部美育的协同创新——以关中地区的国家级非遗美术为中心[J].美术研究，2021，No.197（05）：17—18.

质文化遗产的文化立场，进行跨学科传播的建设，拓展创新性思维的教学模式。[①]

（三）研究现状述评

总体上看，有关非物质文化与高校思想政治教育的研究取得了较为丰硕的研究成果，为本课题研究的开展奠定了坚实的理论基础。但是，通过对国内外文献的梳理和分析发现，非遗融入高校思想政治教育的研究尚属于非遗文化研究和高校思想政治教育相关研究上的一个比较薄弱的环节，相关研究总体存在以下不足之处。

第一，现有研究比较重视总体现状、注重宏观研究，突出的是在全国范围内呈现的情况，没有结合地区实际分析非遗所蕴含的思想政治教育资源，缺少地方特色。第二，缺乏对非遗美育实践做得较好的高校案例的研究和经验推广。在民族地区，有一些高校在非遗美育实践研究上取得了很好的效果，非遗美育的实践对整个民族地区的教育也提供了很好的借鉴作用。第三，对非遗融入高校思想政治教育所存在的问题缺少实证研究，提出的融入建议与对策缺少可操作性和针对性。

因而，著者认为通过实地走访，深入调研了解非物质文化遗产传承现状，掌握非遗美育文化融入高校思政教育的现状和问题，收集相关建议，进一步探索非遗美育文化融入高校思政教育的有效路径具有重要意义。

三、研究内容与研究方法

（一）研究内容

研究内容主要分为七个章节。

第一章：绪论。共分为四个部分：研究背景与意义、文献综述、研究内容与方法以及研究思路与创新点。

第二章：非遗美育文化与高校思政教育相关概述。包括非遗美育文化、高校

---

① 王莎莉.闽南"非遗"舞蹈文化的高校传播价值及其路径——基于学校美育的视域[J].集美大学学报（教育科学版），2022，23（05）：82—88.

思想政治教育的相关概念，美育文化融入高校思想政治教育的相关理论依据。

第三章：非遗美育文化与高校思政教育的价值契合。包括非遗美育文化融入高校思政教育的价值呈现，高校思政教育传承非遗美育文化的现实优势，非遗美育文化与高校思政教育的耦合要素分析。

第四章：美育文化融入思政教育的历史渊源。包括美育文化概念的传统文化基因、经典作家关于美育与人类发展的思考、西方关于美育文化融入国民教育的思想、近代学者关于美育融入教育的思考、新中国关于美育融入思政教育的理论与实践。

第五章：非遗美育文化融入高校思政教育的成效、问题与原因。包括调查的目的与方法、对问卷调查、访谈情况的整理与分析、非遗美育文化融入高校思政教育已取得的成效、存在的问题及其原因分析。

第六章：非遗美育文化融入高校思政教育的路径建构。包括挖掘非遗美育文化中的思政元素、健全非遗美育文化融入思政教育的运行机制、形成非遗美育文化融入高校思政教育多元主体协作、营造非遗美育文化融入高校思政教育的环境氛围、优化非遗美育文化融入高校思政教育的支持政策。

（二）研究方法

1.文献研究法

通过经典著作、报纸、期刊、网站等多种途径，搜集、查阅研究非遗美育、高校思政教育等相关的文献、专著、国家相关政策条例等，对相关文献进行分类、归纳和梳理。深入分析和系统总结当前已有研究取得的成果及不足之处，为本课题研究提供翔实的理论资料支撑。

2.问卷调查法

通过向被调查者发放提前经过设计的问卷，请他们进行真实信息的填写，然后通过问卷上的回答整理出研究所需要的相关信息，并通过图表进行量化分析，进一步把握高校学生对于非遗学习的态度、实际效果、诉求等。

3.访谈法

按照本书的研究思路，通过实地走访的方式进行访谈，访谈对象包括张家界航空工业职业技术学院相关领导和老师、摆手舞非遗传承人欧阳明辉老师、桑植民歌非遗传承人尚生武老师、桑植民歌传承人向佐绒老师。了解非物质文化遗产传承现状、非遗美育文化融入高校思政教育的现状和问题，收集相关建议。

4.数理统计法

运用Excel软件和SPSS 26.0软件对调查问卷数据进行录入，并运用统计方法对数据进行分析，获取本书所需的数据统计结果，对结果进行了相应的分析、讨论。

四、研究思路与创新之处

（一）研究思路

本研究的基本思路如下：从非遗美育文化融入高校思政教育的现状入手，通过对非遗美育文化与高校思想政治教育的关系的理论分析，从实际中发现问题及其产生的原因。结合问题提出非遗美育文化融入高校思想政治教育的路径。

1.在理论上对非遗美育文化的概念、特征、功能意义、对当前我国非物质文化遗产在传承保护方面存在的问题进行分析，为本课题的研究确立非物质文化遗产方面的理论与实践基础。

2.对高校思想政治教育的概念、文化属性、文化功能以及非遗美育文化融入高校思想政治教育的相关理论依据进行论述，为本课题的研究提供理论框架。

3.在理论上论证非遗美育文化与高校思政教育的价值契合，论证非遗美育文化融入高校思想政治教育的价值、现实优势和耦合要素。

4.论述非遗美育文化融入高校思想政治教育的历史渊源，论证其可行性。

5.对当前非遗美育文化融入高校思政教育现状进行调查分析，探明其中存在的主要问题，分析其成因。

6.以前面的理论框架为指导，结合对实际问题及原因的分析，提出非遗美育文化融入高校思政教育的路径。

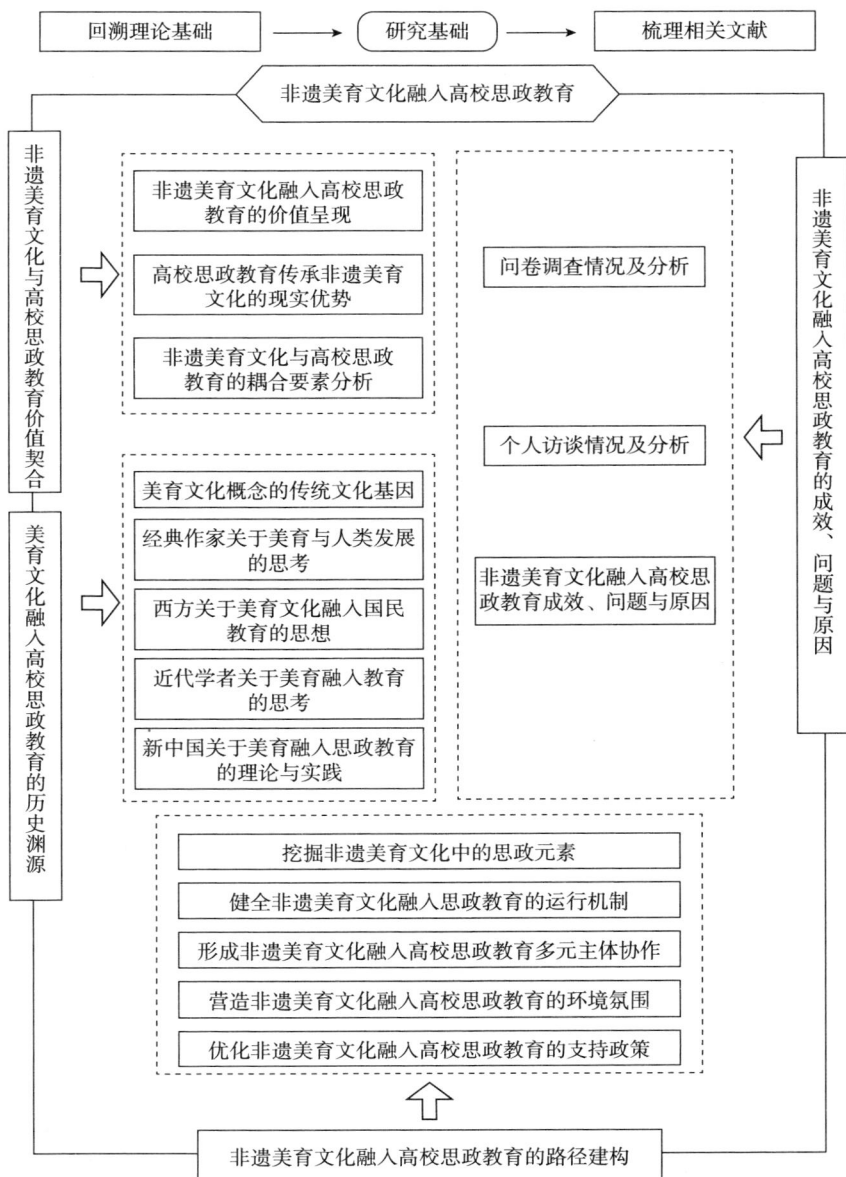

| 回溯理论基础 | → | 研究基础 | → | 梳理相关文献 |

非遗美育文化融入高校思政教育

非遗美育文化与高校思政教育价值契合

美育文化融入高校思政教育的历史渊源

非遗美育文化融入高校思政教育的价值呈现

高校思政教育传承非遗美育文化的现实优势

非遗美育文化与高校思政教育的耦合要素分析

美育文化概念的传统文化基因

经典作家关于美育与人类发展的思考

西方关于美育文化融入国民教育的思想

近代学者关于美育融入教育的思考

新中国关于美育融入思政教育的理论与实践

问卷调查情况及分析

个人访谈情况及分析

非遗美育文化融入高校思政教育成效、问题与原因

非遗美育文化融入高校思政教育的成效、问题与原因

挖掘非遗美育文化中的思政元素

健全非遗美育文化融入思政教育的运行机制

形成非遗美育文化融入高校思政教育多元主体协作

营造非遗美育文化融入高校思政教育的环境氛围

优化非遗美育文化融入高校思政教育的支持政策

非遗美育文化融入高校思政教育的路径建构

图1-1 研究思路图

（二）创新之处

本研究通过探讨非遗美育文化与思想政治教育的关系，把非遗美育文化与高校思想政治教育结合，为非遗美育文化融入高校思想政治教育提供理论基础，在研究内容上具有一定创新性。具体表现为以下几个方面。

一是非遗美育价值观研究创新。传统的思政教育注重知识传授和道德准则的培养，而非遗美育文化的融入使得研究内容更加关注非遗美育的独特价值观。通过考察非遗文化中的品德、人文、审美等方面的价值观，可以深入探讨非遗美育对学生的情感、态度、价值观念的塑造，为高校思政教育的价值取向提供新的视角和理论支撑。

二是非遗美育教学模式创新。非遗美育文化融入高校思政教育的研究内容关注教学模式的创新。传统的思政教育主要以讲授知识和灌输理论为主，而非遗美育文化的融入通过开展实践活动、艺术表演、参观考察等方式，提供更多互动和体验式的教学模式。研究内容可以探索如何有效地结合非遗文化资源，设计具有针对性和创造性的教学方法，提高学生的参与度和学习效果。

三是非遗美育跨学科创新。传统的思政教育研究往往集中在政治学、伦理学等领域，而非遗美育文化的引入推动了跨学科的整合。研究者可以结合文化学、艺术学、教育学等多个学科视角，深入探讨非遗美育对于思想政治教育的影响，丰富了研究内容的层次和深度。

第二章

非遗美育文化与高校思政教育相关概述

一、非遗美育文化的相关概念

（一）非遗美育文化的内涵

美育是指培养学生认识美、爱好美和创造美的能力的教育，也称美感教育或审美教育，是全面发展教育不可缺少的组成部分。它是审美教学与美感教学的结合，通过教育提升人们认识美、理解美、欣赏美、创作美的能力，是新时代培养德智体美劳全面发展的社会主义建设者和接班人的重要着力点，在"立德树人"方面发挥着独特的、不可替代的作用。其中，艺术是美育最集中、最典型的形态。

非遗文化中蕴涵丰富的美育资源。非遗文化概念的产生要追溯到20世纪50年代。1950年，日本颁布《文化财保护法》，首次提出"无形文化财"是指"那些具有较高历史价值与艺术价值的传统戏剧、音乐、工艺技术及其他无形文化载体"。这不仅标志着一个新名词的诞生，也标志着一种文化遗产保护新理念的开启。然而，在很长一段时间内，这并没有引起国际社会的关注与认可。直到20世纪70年代，随着现代农业、现代工业等新兴产业的快速发展，诸多历史古迹遭到破坏，人们才逐渐意识到保护文化遗产的重要性和紧迫性。1972年，联合国教科文组织发布的《世界文化遗产和自然遗产公约》明确指出，"文化遗产"包括"文物""建筑群""遗址"。显然，公约中突出的是对物质文化遗产的保护，并没有涉及"无形文化遗产"的保护。

随着世界文化遗产和自然遗产保护工作的不断深入，国际社会逐渐意识到尚存在民间的另外一种与物质文化遗产相对应的非物质文化遗产同样需要保护。1989年11月，联合国教科文组织在第25届巴黎大会上通过了《保护民间创造建议案》，规定"民间创造"指"来自某一文化社区的全部创作，这些创作以传统为依据、由某一群体或一些个体所表达，并被认为是符合社区期望的作为其文化和社会特性的表达形式、准则和价值，通过模仿或其他方式口头相传。其形式包括语言、口头文学、音乐、舞蹈、游戏、竞技、神话、礼仪、风俗习惯、手工艺、建筑艺术及其他艺术。除此之外，还包括传统形式的传播和信息"。虽然建议案中没有使用"非遗"一词，但从"民间创造"的定义中看到了非遗概念的雏形。1997年，联合国教科文组织借鉴日本"无形文化财"的相关提法，在第29届全体会议上通过了《人类口头和非物质遗产代表作的决议》，用"人类口头和非物质遗产"的概念取代了"民间传统文化"的概念，并将"人类口头与非物质遗产"定义为"一个地区内所有源于传统的智慧产物，由一个群体表达并反映了这一地区的精华，也就体现了他的文化特性和社会特性；它的标准和价值是通过模仿等方式口头传承的。包括语言、文学、音乐、舞蹈、民族游戏、神话传说、祭仪、习俗、手工艺、建筑等艺术种类。除此之外，传统的信息交流方式也在此范围内"。

"人类口头和非物质遗产"概念的提出深化了国际社会对非遗的认识，为"非遗"概念的出现准备了理论条件。2003年，联合国教科文组织在巴黎召开第32届全体大会，在通过的《公约》中，把"非遗"概念正式界定为"被各群体、团体、有时为个人视为其文化遗产的各种实践、表演、表现形式、知识和技能及其有关的工具、实物、工艺品和文化场所"。至此，具有权威性和代表性的"非遗"概念应运而生。

从"非遗"概念产生的历程来看，"非遗"概念的发展经历了漫长而复杂的过程，大致经历了"无形文化财""民间创造""人类口头与非物质遗产"和"非遗"四个发展阶段。我国在秉承联合国教科文组织《公约》精神的基础上，结合非遗保护工作的实际情况，对中国语境下的非遗概念进行了一系列探索，形成了符合中国实际、具有中国特色的非遗概念。2005年，国务院发布的《国家级非物质文化遗产代表作申报评定暂行办法》中指出，非遗是"指各族人民世代相承的、与群众生活密切相关的各种传统文化表现形式（如民俗活动、表演艺术、传统知识和技能，以及与之相关的器具、实物、手工制品等）和文化空间"。这里的"文化空间"是指定期举行传统文化活动或集中展现传统文化表现的场所（兼具空间性和时间性）。范围包括：口头传统，包括作为文化载体的语言；传统表演艺术；风俗活动、礼仪、节庆；有关自然界和宇宙的民间传统知识和实践；传统手工技能；与上述表现形式相关的文化空间。

从非遗概念的界定来看，非遗概念与"文化""遗产""文化遗产"概念存在密切联系。因此，有必要对"文化""遗产""文化遗产"概念进行解释和理解。文化是非常广泛且极具人文意味的概念。文化一词源于拉丁语"cultura"，"原意指'耕作、驯养、种植'等，意指人对自然物的加工和改变"。[①]也就是说，文化是人类创造的。关于文化的定义，尚无统一概念，普遍认为有广义和狭义之分，广义的文化是指"人类社会历史实践中创造的物质财富和精神财富的总和"；狭义的文化是指"语言、文学、艺术及一切意识形态在内的精神产品"。在中国语境下，"文"既包含文字、文章、文采，也包含礼乐制度、法律条文等；"化"即"教化"之意。《说苑·指武》中指出："圣人之治天下也，先文德而后武力。凡武之兴，为不服也，文化不改，然后加诛"，意指采取"文化"的内容与方式以"教化"广大民众。可见，人创造了文化，同样文化也创造着人。正如恩格斯所说："最初的、从动物分离出来的人，在一切本质方面是和动物一样不自由的；但是文化上的每一个进步，都是迈向自由的一步。"[②]因此，文化是"人化"与"化人"的统一，反映的是人类改造自然和改造自身的统一。

遗产，英文"heritage"，源于拉丁语，意思是父亲留下来的财产，反映的是一种代际传递下来的有价值性的事物。后来发展成为"祖先留下来的财产""古代遗留至今的财产"，并由一般的物质财富扩展成为外延丰富精神财富。如鲁迅所言："因为那文字，先就是我们的祖先留传给我们的可怕的遗产。"[③]语言、文字、古艺术皆属于遗产的范畴。文化遗产，从字面来看，由"文化"与"遗产"组合而成，其内涵被"文化"和"遗产"所限定，是指"前人在社会实践过程中创造的物质财富和精神财富之历史遗存或传统文化载体"[④]，是人类社会实践的产物、

---

① 李春华.文化的"化人"与思政的"育人"[J].马克思主义研究，2012（9）：138—144.

② 马克思恩格斯选集（第3卷）[M].北京：人民出版社，2012：492.

③ 鲁迅.无声的中国[M].北京：华艺出版社，1995：289.

④ 鲍展斌.文化遗产哲思——马克思主义遗产观研究[M].杭州：浙江大学出版社，2008：27.

劳动的结晶。

文化遗产包含物质文化遗产和非物质文化遗产。如古建筑、历史遗址、历史文物属于物质文化遗产，强调的是物质性的、物态化的、静止的文化遗存，民间风俗、民间技艺、民间艺术属于非物质文化遗产，强调的是非物质的、动态的、口头相传的文化遗产。无论是物质文化遗产，还是非物质文化遗产，他们都与人的活动相联系，都被赋予了人为的意义，体现着人对自身理想和价值的理解和追求，具有"人化"和"化人"的属性。

从对"文化""遗产"及"文化遗产"概念的解释和理解来看，首先，非遗属于文化的组成部分，它是一个民族依据自身生存和发展的需要在实践中创造的，体现着一个民族共同的生活习惯、思维方式和价值取向，是一个民族改造自然的存在物，也是一个民族用来教化自身的重要文化形式。其次，非遗属于文化遗产中的一类，它与物质文化遗产形成对比，但就其存在的形态而言，不能认为非遗是完全脱离物质而存在的，大多数非遗需要通过物质来承载其价值和意义，所强调和关注的是物质因素所承载的精神信仰、伦理道德、审美情趣等非物质因素，并且它是活着的遗产，其所内蕴的意义和价值随着时代的改变而流变，具有鲜明的时代色彩。相比物质文化遗产，非遗是一个民族的历史生命在现代生活中的延续，更能体现出人的存在价值，具有更深远的意义和价值。最后，非遗概念"作为一个学术术语，是一个普遍适用于一切非物质文化遗产现象的一般概念，是对所有非物质文化遗产现象和共性进行概念上的高度抽象、概括的理论结晶"[①]。但在现实中，能够被称为非遗的文化遗产是具体的、有血有肉的，并且经官方严格认证，具有教育、历史、科学等重要价值，是优秀文化的重要组成部分，是值得保护、研究和利用的文化遗存。本课题所研究的非遗是具体的、实实在在的非物质文化遗产，属于中华优秀传统文化的一部分，无需以"精华"和"糟粕"加以区别。

---

① 王文章.非物质文化遗产概论（修订版）[M].北京：教育科学出版社，2012：233.

（二）非物质文化遗产的美育价值

非物质文化遗产是民族优秀传统文化的一部分，在现代化加速发展的当今时代具有十分重要的美育价值。主要表现在以下几方面。

第一是非遗文化的外形美。包括手工艺品、传统建筑、传统音乐和舞蹈等的外形美。首先是手工艺技能的美。非遗文化中的许多传统手工艺技能，如刺绣、陶艺、木雕等，往往在工艺细节上有着精湛的技艺。这些技艺不仅在制作过程中注重细节，而且在成品上展现出高度的审美价值。其次是传统建筑和艺术形式的美。一些非遗项目涉及传统建筑和艺术形式，如古老的戏曲表演、传统建筑风格等。这些表演和建筑不仅在布局或结构上有独特之处，同时通过形式、色彩、装饰等方面表达了当地文化的审美观。再次是传统服饰和装饰品的美。非遗文化中的传统服饰和装饰品往往展现出浓厚的艺术氛围。织物的图案、颜色搭配、刺绣工艺等都是非遗文化中传承的重要方面，这些都是一种独特的外形美。最后是传统音乐与舞蹈的美。传统音乐与舞蹈是非遗文化的重要组成部分，这些艺术形式通过音符、舞步、服饰等元素展现出独特的外形美。

第二是非遗文化的气质美。首先是文化独特的美。非遗文化通常反映了特定社群的独特文化氛围，这种独特性在传统技艺、表演艺术等方面得以体现。这种独特性赋予了非遗美育文化一种特有的气质，与其他文化形式有所区别。其次是历史传承的气质美。非遗文化是代代相传的文化遗产，它承载着悠久的历史和传统。这种历史传承赋予了非遗文化一种深厚的气质美，使人们能够感受到时间的积淀和文化的传承。最后是传统仪式与礼俗的气质美。非遗美育文化中的传统仪式和礼俗，如节日庆典、婚礼仪式等，展现了社群对生活的独特理解和对人际关系的重视。这些仪式和礼俗赋予了非遗文化一种庄重、神圣的气质。

第三是非遗文化的工艺美。工艺美是非遗文化美学价值的一个重要的方面。非遗文化所传承的传统手工艺技能，如刺绣、陶艺、木雕等，这些巧夺天工的工艺中，凝结了中华民族智慧和心血。比如著名的非遗工艺花丝镶嵌，又名细金工艺，将贵重的金银通过压条抽成发丝一般细的丝，弯曲勾勒成各种造型，镶嵌以玛瑙、翠羽和各色红蓝宝石。一件精美的花丝镶嵌工艺品的背后，往往凝聚着无数匠人们的心血和汗水。又比如非遗景泰蓝的掐丝工艺，把扁铜丝按照图纸的花纹，用镊子掰成一段段弧形，然后用白芨糊一点点粘在做好的铜胎上。繁复的花纹，精细的工艺，是对人心力和体力的双重考验。毫厘之间的作品，却需要花费几个小时，甚至几天的时间。这些非遗文化中体现出来的独特工艺，经历数百年的风雨沧桑，至今仍然闪耀着璀璨夺目的光芒，让人为之心折。

第四是非遗文化的表达美。非遗美育文化中的表达美主要体现在通过非物质文化遗产进行创造性表达、情感沟通和文化交流的过程。首先是非遗美育文化中表演艺术的情感表达。非遗美育文化涵盖了丰富的表演艺术，如传统戏曲、舞蹈等。通过这些表演形式，人们可以表达和传递情感，借助动作、音乐和表情等元素传达文化内涵，实现对美的情感表达。其次是非遗美育文化中作为文化符号的手工艺品的表达美。制作非遗手工艺品不仅仅是技术层面的表达，更是对文化符号和传统价值观念的表达。人们通过制作手工艺品，将自己的思想和情感融入其中，使其成为文化的表达媒介。最后是非遗美育文化的口头传统的艺术表达。非遗美育文化强调口头传统的传承，包括故事、歌谣等。人们通过口头表达，不仅传承了叙述技巧，同时在表达中能够体现出对文化的理解和情感投入。总之，非遗美育文化通过多种形式的表达，使人们在创作中体验美、表达美、传递美。通过参与非遗美育，人们能够更全面地认识和理解美的多样性和深层次内涵。

第五是非遗文化的思想美。非遗文化的美育价值不仅体现在外形、工艺、表达等外在层面，还体现在非遗文化所承载思想上。非遗文化在思想美的层面上体现为对传统智慧和价值观念的尊重、传承以及对个体内在思想境界的提升。首先是非遗美育文化对传统价值观的尊崇的美。非遗文化强调对传统文化的尊重和传承，其中包括传统的道德伦理观念、家庭价值观等，人们通过参与非遗传承，了解非遗文化，能够感受到传统文化中所蕴含的思想美，培养对传统价值观的尊崇和理解。其次是非遗美育文化艺术创作中的思想表达。在非遗美育中，艺术创作是一种重要的活动形式。人们通过创作艺术作品，有机会将个人的思想、情感和对社会的看法融入其中。这种创作过程不仅是对传统文化的表达，同时也是个体思想美的体现。最后是非遗美育文化传承过程中对自然、人生的审美思考。非遗美育往往涉及自然、人生等主题。人们通过参与这些活动，能够培养对自然之美和人生之美的敏感性，从而形成自己独特的审美观。总体而言，非遗美育文化通过对传统文化的传承与创新，培养人们对传统价值观念、艺术哲学等方面的思想美的理解与体验。这种思想美的培养有助于学生形成独立、深刻的思考能力，使其在审美和思想上更加丰富和成熟。

（三）非遗美育文化的价值

（1）历史价值

非遗美育文化是特定时代的某一个民族，根据自身生存与发展的需要而创造的，追溯其源头，能够了解那个特定时代的生产力发展水平、社会发展状况以及人们的价值观念、思维方式、风俗信仰等情况，是我们认识那个特定时代的历史史料。不仅如此，非遗美育文化历经时代的变迁、社会的发展仍存于人间，并在历经的每一个历史阶段都注入了该阶段特有的时代元素，是整个社会发展史的"活"见证。有人称非遗为历史的"活化石"，一点也不为过，从它的诞生，到它的发展，都积淀了不同历史时期的文化精华，保留了最浓缩的民族特色。所以，它是一部活着的历史史书，能够让人们更加直观、形象、生动地了解历史。

（2）文化价值

非遗美育文化的文化价值是指非遗美育文化对认识民族文化独特性和维持人类文化多样性所呈现出来的独有价值。各个民族由于生存的环境不同，其生活方式、生产方式以及价值观念也会不同，所创造的文化样态也就不同。由此，文化的差别性就形成了地域文化的独特性和人类文化的多样性。非遗美育文化多种多样，千姿百态，代表了不同地域、不同民族的文化模式、文化形态、文化标准和文化观念，蕴藏着不同民族传统文化的精髓，原生态地反映着该民族独特的身份标识和文化特色，是了解该地域、该民族文化的重要"窗口"，具有独特的地域文化价值。正是由于非遗美育文化的独特性，才使得非遗美育文化在维持人类文化多样性方面具有重要的文化价值，它能够以它的独特性来维持人类文化生态平衡，为人类文明的发展与兴盛提供丰富的文化资源。

（3）科学价值

非遗美育文化的科学价值是指"非遗帮助我们解读人类历史上所创造的各种科技成就，并利用这些成就来创造新科技的过程中所呈现出来的独特的认识价值和借鉴价值"[①]。非遗美育文化形成于特定的历史时期，代表了该时期应有的科学技术发展水平，彰显了该时期人类的科技创造能力，尤其是某些技艺类的非遗，不仅仅是因为原料的珍贵，更为重要的是加工技术与加工工艺的高超，精湛的技艺往往成为该时期最高科技水平的代表。通过这些非遗，我们不仅能够清晰地了解各个时期人类社会的科技发展水平和创造能力，而且能够利用非遗美育文化本身所含有的科学成分和因素为今天的科技进步提供参考和借鉴，如，民族传统医学医药，对今天医药卫生事业的发展和进步提供了诸多有利的借鉴。

（4）艺术价值

非遗美育文化的艺术价值是指非遗在帮助人们认识不同时代审美状况以及非遗在当代艺术创作中所呈现出来的独特价值。非遗是过去的各时代的人们按照当时的审美风尚、审美标准创作的艺术产品，形象地表达了人们当时的生活态度、审美情趣和思想情感，通过艺术作品的呈现能够了解人们当时的艺术创作方式、艺术特点和艺术成就。非遗美育文化在时代的变迁中融入了各个时代的艺术元素，也是艺术史的"活"见证。当然，非遗美育文化自身所蕴含的艺术信息也是极其丰富的，人们能够在丰富多彩的非遗资源中寻找到艺术创作的灵感，为文艺的发展提供丰厚的土壤和更多的启迪。同时，人们能够从非遗美育文化中不断汲取美的营养，满足对美的需要。

（5）和谐价值

非遗美育文化的和谐价值是指非遗在调节社会关系、构建社会主义和谐社会中所凸显的特殊价值。非遗美育文化产生于一个族群的社会实践，也指导着一个族群的社会实践，突出表现为其所蕴含的道德准则、行为规范、价值理念在调节

---

① 范利，顾军.非物质文化遗产学[M].北京：高等教育出版社，2009：40.

人与人、他人、社会和自然关系方面发挥的重要作用。非遗美育文化也是一个民族文化认同、价值认同、精神认同的产物，是维系民族团结、巩固社会和谐的"黏合剂"，是民族凝聚力、向心力的重要载体。每一个民族所创作的非遗，"都是渗透在这些民族广大民众的骨肉血脉之中、融化在他们日常衣食住行之中的民族共有共享文化"[①]，反映和表现了民族共同的行为习惯、伦理观念、风俗信仰等内容，能够产生强大的凝聚力，在整合群族关系，构建社会主义和谐社会中发挥着至关重要的作用。

（6）教育价值

非遗美育文化的教育价值是指非遗在满足教育活动需要的过程中所凸显的独特价值。非遗作为一门学科，自身拥有庞大的知识体系，涵盖多个学科方面的知识内容，涉及民族学、历史学、民俗学、艺术学等知识，是进行个体教育、学校教育、社会教育的重要知识来源。并且，非遗美育文化作为人类精神的产物，它承载了一个民族优秀的思想传统，是进行爱国主义教育、伦理道德教育、民族精神教育的极好资源。非遗美育文化的教育价值主要是通过开展非遗教育来体现，如设置非遗美育文化相关的专业、课程，或将非遗中的知识、技能融入到其他学科教育中，或把非遗美育文化中的育人元素作为素质教育的材料，等等。

（7）经济价值

非遗美育文化的经济价值是指非遗在促进民族区域经济发展的过程中所呈现的价值。非遗作为一种文化资源，在市场经济的条件下，它能够转化为文化生产力，不仅能够从非遗文化产品中直接获得经济收入，而且能够从旅游业、餐饮业等服务行业中获得关联性经济收入，对促进地区经济的发展具有重要作用。非遗美育文化的经济价值并不是非遗美育文化与生俱来的，需要通过人为的开发才得以显现，并且这种价值"是一种有条件和有限制性的价值"。因为对非遗美育文化经济价值的开发是出于对非遗美育文化的一种保护需要，倘若过度开发或开发不当，就会使非遗原本的文化内涵消失殆尽，甚至会把非遗推向消亡的边缘。

---

① 王文章.非物质文化遗产概论（修订版）[M].北京：教育科学出版社，2013：91，104.

（8）生态价值

非遗美育文化的生态价值是指非遗美育文化在生态文明建设中所体现的特殊价值。非遗美育文化的生态价值主要体现在非遗美育文化自身蕴含的生态理念以及发展非遗产业所带来的生态附加值。例如，苗族《古歌》是国家级非遗项目，《古歌》中含有大量关于爱护自然、保护自然的生态文明思想，这些思想规范和指引着苗族人民的生活方式和生产实践，对苗族地区生态环境的保护发挥了重要作用。发展非遗产业在带来经济收入的同时，也为生态文明建设带来了附加值。一方面，非遗产业是一种绿色环保型经济，其开发较好地保留了原有的文化生态环境，有利于维护人类的生存环境；另一方面，非遗提供的文化产品和文化服务不仅满足了人们的精神文化需要，同时也将非遗美育文化中蕴含的生态文明理念传导给人们，对人们的行为具有一定的指引作用。

二、高校思想政治教育的相关概念

（一）高校思想政治教育的内涵

高校思想政治教育是指在高等学校开展的旨在培养学生正确的世界观、人生观、价值观，提供思想道德和政治学科知识，促使学生形成社会主义核心价值观，增强爱国主义精神和社会责任感的一项教育活动。它是高等教育中的重要组成部分，旨在培养德智体美劳全面发展的社会主义建设者和接班人。高校思想政治教育的内涵可以从以下几个方面进行分析和阐述。

（1）人格修养与道德品质的培养

高校思想政治教育的重要任务之一是培养学生的良好人格和高尚品质。通过思想道德修养的教育，学生将接受道德规范和伦理价值观的引导，培养自己的道德情操和社会责任感。高校思想政治教育通过道德教育、心理健康教育、法律法规教育等方面的内容，引导学生形成正确的世界观、人生观和价值观，培养自律意识、责任感、公民意识以及尊重他人和社会的道德品质，促使学生在行为上不仅关注个人利益，也能注重社会公益，形成健康、和谐、有责任感的人格。

（2）爱国主义精神和社会责任感的培养

高校思想政治教育的另一个重要目标是培养学生的爱国主义精神和社会责任感。通过学习国家历史、国家政策、国家建设成就等内容，学生能够深入了解国家的荣辱与兴衰，培养对国家的深厚感情和忠诚精神。高校思想政治教育还通过开展义务劳动、社会实践等活动，引导学生关注社会问题，认识社会责任和义务，并通过实践行动为社会发展和进步做出贡献。在这个过程中，学生将形成爱国、爱党、爱社会的情感态度，培养对社会和民族发展的责任感，为建设富强民主文明和谐美丽的社会主义现代化国家做出积极贡献。

（3）思想道德与政治理论的学习

高校思想政治教育的核心内容之一是学习思想道德和政治理论。通过政治学、马克思主义理论、伦理学、法律学等课程的学习，学生将系统地掌握相关理论知识体系，深入理解科学社会主义的核心原理和社会主义核心价值观。此外，高校思想政治教育还包括学习国家法律法规、宪法及公民权利义务等方面的知识，使学生具备合法合规的思想和行为准则。通过这些学习，学生能够建立正确的世界观、人生观和价值观，形成批判性思维和辩证思维的能力，增强思想政治素质和政治认同，从而在实践中做出正确的判断和决策。

（4）自主学习能力和终身学习意识的培养

高校思想政治教育还注重培养学生的自主学习能力和终身学习意识。通过接受系统的教育，学生将培养批判性思维、独立思考、自主学习的能力，激发学习兴趣和求知欲望，掌握自主学习的方法和技巧。同时，高校思想政治教育通过开展研讨会、讲座、学术论坛等活动，引导学生养成终身学习的习惯和意识，使他们在不同的社会角色和发展阶段中能够不断提升知识和素质，适应社会的变化和发展。

（5）创新精神和思维方式的培养

高校思想政治教育还致力于培养学生的创新精神和思维方式。通过启发思维、开展创新教育，学生将培养创新意识、创新能力和创新精神，培养敢于探索、勇于创新的意愿和行动。高校思想政治教育通过探讨前沿科技与社会发展的关系，引导学生理解和运用科技创新的内在精神和动力，培养他们的创造性思维和解决问题的能力。

综上所述，高校思想政治教育的内涵包括人格修养与道德品质的培养、爱国主义精神和社会责任感的培养、思想道德与政治理论的学习、自主学习能力和终身学习意识的培养以及创新精神和思维方式的培养。高校思想政治教育旨在提高学生的思想政治素质和综合素质，促进学生全面发展，为他们成为德智体美劳全面发展的社会主义建设者和接班人做出贡献。

（二）高校思想政治教育的文化属性

（1）思想政治教育目的体现文化的价值取向

对群众进行思想政治教育，主要原因是"让大众养成符合一定社会或社会群体所需要的一致价值观念"①。从概念上来说，意为将统治阶级的主体意识形态或占据统治角色的主体文化所形成和展现的核心价值观，逐步根植于广大社会成员的情感、志向、信仰和行为。每一个国家、每一个民族，均具有各色各异的文化和意识，而文化差异的存在，使得各国家、各民族在价值观的认定上也有显著差异。不同的价值观必将极大程度决定不同社会或各类群体在文化规范需求上的显著差异。思想政治教育作为一类对一定社会以及社会群体建立价值观的行为，其目实现以独特的民族文化需要和价值取向作为根基。与此同时，"伴随着科学技术以及生产力的飞速进展，社会文明水平持续上升，社会文化的群众需求也在不断提高，因此思想政治教育的目标，同样需要做出合适的调整和提升。"②因此，进行思想政治教育，其最终目标便是呈现整体社会的文化价值需求。

（2）思想政治教育内容是文化的重要组成部分

思想政治教育是一种以贯彻党和国家政策，宣传马克思主义理论、社会主义核心价值观、民族精神和时代精神等为目的的群众意识形态教育，其主要内容均

① 刘建军.寻找思想政治教育的独特视角[M].北京：中国人民大学出版社，2017：121.

② 尉天骄，王恒亮.论思想政治教育的文化属性[J].求实，2011（8）：77—80.

为国家与社会先进文化的主要构成元素，不但涵盖了政治文化，还包含了道德需求、认知观念、心理素质等一系列个人层面的教育，总体组成了社会先进文化大体系。且在阶级社会中，这些意识形态都处于文化的核心层次，就像氧气一般，时时刻刻、随处可见地融入群众社会生活的各个领域，潜移默化影响着人们的思维逻辑、知识体系、价值观念、行为模式。例如，目前的马克思主义理论便可以看作先进文化的基石，不但体现了人类社会形成、进展的客观规律，并且指明了未来社会发展的理想图景，作为社会主义文化的指路明灯，对我国社会主义建设的进程起到了重要的指示作用。一个国家的民族精神"是一个民族赖以生存和持续进展的精神基础"[①]，也是一种民族文化的精髓，具备十足的文化凝聚力，对一个民族的良性发展具有促进的意义。

（三）高校思想政治教育的文化功能

教育在我国历史发展进程中，具备典型意义的文化作用，是中华民族文化传承的有效手段和创新的重要方式。思想政治教育，同时也拥有着文化传承、发展与文化创新的使命。

（1）思想政治教育的文化传承功能

一个国家民族文化的守护、传播与传承，需要寄托于教育活动的进展。"学校教育的出现，极大程度加速了群众文化水平提升进展，因为其不止可以用语言传递准确的含义，沟通想法和感情，还能够教授系统化的知识和实际经验，令文化在世代传承中得以保留，并且还能够利用文字，把文字刻在书简，记载在丝帛、纸张，让文化有长期性的积累和保存的载体。"[②]教育的特征满足了文化继承的系统化、模范化、延续化，保证了文化演变的持续性。我国历来十分重视教育的作用，从夏商时期，便有了叫作"庠""序"的学府，通过传授优秀的文化，来培养出人格完善、社会所需求的人才。可以说，中国得以延续五千年的文明成

---

① 中共中央文献研究室.十六大以来重要文献选编（上）[M].北京：中央文献出版社，2005：30.

② 郑金洲.教育文化学[M].北京：人民出版社，2000：15.

果，教育起着至关重要的作用。"思想政治教育也就是教育者对受教育者传播正向的思想观念、政治理论、道德要求等内容的行为，而'思想观念、政治理论、道德要求'，均在文化范畴之内，涵盖了社会层面的政治文化和及伦理文化。"①从另一角度来说，思想政治教育所传播的文化，是从一系列物质文化、精神文化、制度文化发展脉络里总结和筛选而来，既满足了社会主义意识形态的政治文化，又符合普适伦理道德。可以想象，假如缺失了思想政治教育的文化传承，政治文化、伦理文化便仅仅只能隐藏于形态文化里，难以被人们发现和使用，那么建筑也只是建筑，画作不过是画作，无法于人的思想道德教化中起到重要的作用。

（2）思想政治教育的文化创新功能

"任何一代人都对各自的文化有着重新解读的流程，其不仅研究各自的文化，更是在重新建立各自的文化。"②或者说，人们关于文化的传承并非一成不变的，在传承的阶段总要参考时代的需求，结合客观情况来创新性地传承。这一传承的过程中，伴随着文化的创新。思想政治教育能够传承政治、伦理文化，同时也在持续创新政治或者伦理文化。首先，若思想政治教育出现全新需求的情况下，将从研究新状况、处理新问题的阶段打造更为严密的逻辑系统，从传承文化遗产精魄的前提下，持续整合以及创新文化形式，缔造全新内容，促进理论层面的更新，比如，用发展着的马克思主义理论武装人们的头脑就是一个最好的例证。其次，思政教育将政治、伦理文化以最合理的方法传达至一些并未掌握文化的人心中，使其思想道德素质以及科学素养进一步提升，同时凭借政治、伦理文化里的精神要素提高人们投身于创新行为的热情，利用培养具备文化创新水平以及创新意识的人，来促进并达成文化创新。

（四）美育对高校思政教育的作用

"没有美育的教育是不完全的教育"这个论断，是对美育在教育中的地位和作用的精辟总结和高度的概括。思想政治教育中包含着审美因素，同样美育中也

①　陈万柏，张耀灿.思想政治教育学原理（第三版）[M].北京：高等教育出版社，2015：73.

②　[英]辛格尔顿.应用人类学[M].蒋琦，译.武汉：湖北人民出版社，1984：73.

包含着思想政治教育因素，两者相互包含、相互渗透。

（1）美育能强化道德意识，使学生乐于接受道德教育

美育自身不同于思想政治教育的特性决定了它能使人的道德认知由感性深化到理性。美育不仅能训练和培养学生对规律形式的感受和创造能力，而且能将社会道德要求形象化、艺术化、具体化，把大量的道德内容以生动的形式表现出来，使之渗入潜意识之中，使受教育者容易产生兴趣，便于理解和记忆。人们借助对美的欣赏，可以扩充道德认识，使道德认识由感性达到理性，从而了解道德，获得对道德的认识，实现道德内化，使道德意识得到强化。

（2）美育能陶冶道德情操，提高学生的道德修养水平

道德作为人的一种自我规范，主要来自人自身对善恶、美丑的判断和对真善美的追求。道德情感是人的道德成长过程中的重要部分，它是人们按照一定社会的道德原则、规范去理解、评价周围的人和事时产生的一种爱憎好恶的情感，它是认识转化为行为的催化剂，而人的情感本身并不都是善和美的，它有善恶之分、美丑之别。善的、美的情感可以将人引向高尚的境界，而恶的、丑的情感则可以使人卑俗堕落。美育作为一种高层次的积极情感，可以为学生接受道德教育奠定深厚的感情基础。只有道德认识和道德情感相统一时，道德行为才会成为人们追求的目标，高尚的道德情操才会成为人们内心的向往。

（3）美育能培养道德意志力，塑造学生完美的人格

完美人格的实质在于摒弃假、恶、丑，实现真、善、美，而真和善只有在美中才会水乳交融，才能得以实现。美育的情感性、形象性、愉悦性和非功利性特点，决定其用以育人的美的事物、美的艺术等美学方面的精神文化成果，都是人类追求超功利的审美自由与和谐的理性精神的产物。通过美育可以引导学生辨别美与丑、文明与腐朽、高尚与邪恶，引导他们懂得什么样的生活态度、什么样的生活方式、什么样的人与人之间的关系、什么样的行为作风是美的，是应当追求和向往的。自觉抵制各种不良诱惑，提高辨别真善美和假恶丑的能力。

（4）美育能养成道德行为，净化学生的心灵

从人的道德发展而言，不管其道德认识有多么深刻，最后总得表现在行动

上。任何道德行为，都源自人们的内心指令。一切的道德条文和道德规范，只有当它们成为人们自己的内心信仰和要求之后，才能付诸行动。审美教育是道德情感的基础和有力手段，通过审美教育，可以使外在的社会规范转化为内在的自觉命令，实现道德内化。良好的道德行为的养成，有助于净化学生的心灵。美育在引导学生感受和理解社会美、自然美和艺术美的时候，在提高人们鉴赏美、表现美和创造美的能力的同时，又是清除精神污垢、改变不良习俗、净化人的心灵和陶冶人的德性有力武器，它能帮助人们确立正确的人生观、世界观、价值观。

三、非遗美育文化融入高校思想政治教育的相关理论依据

（一）人的全面发展学说

人的全面发展就是使人的体力和智力以及才能得到全面的、充分的、自由的综合发展，除此之外，人的全面发展也包括人的道德品质和审美情操的高度发展。以上几方面的发展，在一个人的身上须是充分的、协调的、有机统一的。人的全面发展在某种程度上也指人的自由发展。马克思和恩格斯指出，共产主义社会是"个人的独创的和自由的发展不再是一句空话的唯一的社会"。在马克思和恩格斯看来，所谓自由发展具有这样两方面的意思：第一，自由发展就是说一个人的发展不应受到强加给他的任何活动和条件的限制；第二，自由发展指的是人的发展不能超出自我的控制范围。

综合地、历史地考察马克思主义关于人的全面发展学说，它的含义应该包括以下几个方面。

第一，人的全面发展首先应是人的各项能力的充分发展。人的能力既包括体力，又包括智力；既包括各项能力，又包括综合素质等。正如马克思在《资本论》中提到的：我们把劳动力或劳动能力，理解为人的身体即活的人体中存在的、每当生产某种实用价值时就运用的体力和智力的总和。

第二，人的全面发展还应是人在思想觉悟、道德面貌以及精神情趣方面达到

一定的程度。马克思恩格斯在《德意志意识形态》中明确指出：人们"只有在社会中并通过社会来获得他们自己的发展"，除此之外，人的全面发展还应包括社会关系的丰富和发展，马克思指出，"一个人的发展取决于和他直接或间接进行交往的其他一切人的发展。"人的社会关系发展表现在诸多方面，如人同自然的关系、人同世界的关系以及人同自身的关系。

第三，人的全面发展不仅是个人能力的全面发展，而且应是全体社会成员的全面发展。

人的全面发展学说强调个体在身心、智力、道德、美感等方面的全面发展，注重培养人的多方面素养和综合能力。非遗美育文化融入高校思想政治教育，与人的全面发展学说有着密切的关系。人的全面发展学说为非遗美育文化融入高校思想政治教育提供了理论支持，非遗美育文化蕴含的外形美、气质美、工艺美、表达美、思想美等正是人的全面发展所需要的。

（二）马克思主义的美育理论

尽管在马克思主义经典作家的文本中，我们很难寻见对美育的直观阐释，但其美育思想却无形地贯穿于马克思主义思想体系中，仍然可以从包括但不限于审美与艺术的经典论述中把握马克思主义美育观的整体面貌。马克思主义美育思想是其整个哲学、美学思想的一个极为重要的组成部分，是对西方美学、美育思想的一个巨大超越。

（1）劳动生产了美

在马克思看来，作为人的生命活动的物质生产劳动实践，同动物的生命活动最本质的区别就在于：动物只是按照它所属的那个种的尺度为求生而建造，而人却懂得按照任何一个种的尺度为人类不断发展的需要而生产，按照美的规律去建造。从根本上来说，人类劳动是美的本源，美感也是实践的产物。马克思明确指出："劳动创造了美，但是使工人变成了畸形。"[①]这里阐述的是私有制条件下异化劳动的两面性，一方面劳动创造了美，另一方面又使劳动者变成了畸形，这是因

---

① 马克思恩格斯全集（第42卷）[M].北京：人民出版社，1998：93.

为在私有制条件下，人是片面的人，人的劳动是异化的劳动，异化劳动创造出来的美是畸形的美，但随着共产主义理想社会的到来，异化劳动的消除，美就是自由的、全面的美了。从根本上说，人类劳动是美的本原，美感也是实践的产物。

对于美源自何处的认识，是马克思主义美育观与以往唯心主义美育观的本质区别。马克思主义经典作家站在唯物史观的立场来考察劳动与美的关系问题，认为美并不是固有的抽象物，在其现实性上，其源于创造着物质世界与精神世界的劳动实践。在具体的、历史的劳动实践中，人类建构、形塑着自身的本质，即包含人对世界的审美关系在内的一切社会关系的总和。在审美关系中，美不仅仅是客观对象事实意义上的自然属性，更是个体对客观对象所产生的肯定性的实践关系。换言之，美兼具自然属性与社会属性。

将非遗美育文化与高校思想政治教育充分融合必须以促进人的全面发展为目标，这也是与高校思想政治教育目标相契合的。非遗美育文化旨在培养学生认识美、爱好美和创造美的能力。可以说，将非遗美育文化融入高校思政教育中能进一步促进人的全面发展，尊重人的个性。

（2）美育通达人的自由全面发展

劳动创造了美，从另一方面强调的是人的审美能动性和创造性，是人的本质力量的体现。而审美教育从根本上说，就是对人的本质力量的发现、认识、认同，最终使人真正自由、全面地占有自己的本质，最终实现人各方面的和谐统一发展。马克思认为，审美活动在实现人的自由全面发展中具有重要作用。人的全面发展过程是人类历史追求的真正目的，更是共产主义的最终目标。人的自由全面发展是以劳动为基础的，而劳动的过程创造了美，劳动的过程是人的自由全面发展的必经之路，因而，美可以通达人的自由全面发展。

非遗美育文化融入高校思政教育可以借鉴马克思的美育理论，注重审美教育与人的全面发展的关系，关注文化的历史性和社会性，强调文化对人观念和价值观的影响，以及关注文化与社会变革的互动关系。这有助于构建更为丰富、深刻的思政教育内容，培养学生更具有审美情感、社会责任感和对文化多元性的理解力。

（三）建构主义学习理论

建构主义学习理论提供了一种有益的框架，可用于非遗美育文化融入高校思政教育，并为学生提供更深层次的学习体验。通过创造性地整合这两者，可以促使学生更深层次地理解传统文化的内涵，培养其批判性思维和社会责任感。

建构主义源自关于儿童认知发展的理论，由于个体的认知发展与学习过程密切相关，因此利用建构主义可以比较好地说明人类学习过程的认知规律，即能较好地说明学习如何发生、意义如何建构、概念如何形成，以及理想的学习环境应包含哪些主要因素等。总之，在建构主义思想指导下可以形成一套新的比较有效的认知学习理论，并在此基础上实现较理想的建构主义学习环境。建构主义学习理论的基本内容可从"学习的含义"与"学习的方法"这两个方面进行说明。

（1）关于学习的含义

建构主义认为，知识不是通过教师传授得到，而是学习者在一定的情境即社会文化背景下，学习是获取知识的过程，借助其他人（包括教师和学习伙伴）的帮助，利用必要的学习资料，通过意义建构的方式而获得。由于学习是在一定的情境即社会文化背景下，借助他人的帮助即通过人际间的协作活动而实现的意义建构过程，因此建构主义学习理论认为"情境""协作""会话"和"意义建构"是学习环境中的四大要素或四大属性。"情境"：学习环境中的情境必须有利于学生对所学内容的意义建构。这就对教学设计提出了新的要求，也就是说，在建构主义学习环境下，教学设计不仅要考虑教学目标分析，还要考虑有利于学生建构意义的情境的创设问题，并把情境创设看作是教学设计的最重要内容之一。"协作"：协作发生在学习过程的始终。协作对学习资料的搜集与分析、假设的提出与验证、学习成果的评价直至意义的最终建构均有重要作用。"会话"：会话是协作过程中的不可缺少环节。学习小组成员之间必须通过会话商讨如何完成规定的学习任务的计划；此外，协作学习过程也是会话过程，在此过程中，每个学习者的思维成果（智慧）为整个学习群体所共享，因此会话是达到意义建构的重要手段之一。"意义建构"：这是整个学习过程的最终目标。所要建构的意义是指：事物的性质、规律以及事物之间的内在联系。在学习过程中帮助学生建构意义就是要帮助学生对当前学习内容所反映的事物的性质、规律以及该事物与其他事物之间的内在联系达到较深刻的理解。这种理解在大脑中的长期存储形式就是前面提到的"图式"，也就是关于当前所学内容的认知结构。由以上所述的"学习"的含义可知，学习的质量是学习者建构意义能力的函数，而不是学习者重现教师思维过程能力的函数。换句话说，获得知识的多少取决于学习者根据自身经验去建构有关知识的意义的能力，而不取决于学习者记忆和背诵教师讲授内容的能力。

（2）关于学习的方法

建构主义提倡在教师指导下的、以学习者为中心的学习，也就是说，既强调学习者的认知主体作用，又不忽视教师的指导作用，教师是意义建构的帮助者、促进者，而不是知识的传授者与灌输者。学生是信息加工的主体，是意义的主动建构者，而不是外部刺激的被动接受者和被灌输的对象。学生要成为意义的主动建构者，就要求学生在学习过程中从以下几个方面发挥主体作用：一是要用探索法、发现法去建构知识的意义；二是在建构意义过程中要求学生主动去搜集并分析有关的信息和资料，对所学习的问题要提出各种假设并努力加以验证；三是要把当前学习内容所反映的事物尽量和自己已经知道的事物相联系，并对这种联系加以认真的思考。"联系"与"思考"是意义构建的关键。如果能把联系与思考的过程与协作学习中的协商过程（即交流、讨论的过程）结合起来，则学生建构意义的效率会更高、质量会更好。协商有"自我协商"与"相互协商"（也叫"内部协商"与"社会协商"）两种，自我协商是指自己和自己争辩什么是正确的；相互协商则指学习小组内部相互之间的讨论与辩论。教师要成为学生建构意义的帮助者，就要求教师在教学过程中从以下几方面发挥指导作用：一是激发学生的学习兴趣，帮助学生形成学习动机；二是通过创设符合教学内容要求的情境和提示新旧知识之间联系的线索，帮助学生建构当前所学知识的意义；三是为了使意义建构更有效，教师应在可能的条件下组织协作学习（开展讨论与交流），并对协作学习过程进行引导，使之朝有利于意义建构的方向发展。引导的方法包括：提出适当的问题以引起学生的思考和讨论；在讨论中设法把问题一步步引向深入以加深学生对所学内容的理解；要启发诱导学生自己去发现规律、自己去纠正和补充错误的或片面的认识。

（四）马斯洛的需要层次理论

马斯洛的需求层次理论提供了一种理解个体需求和动机的框架，可以用于解释为何非遗美育文化的融入对高校思政教育具有重要的价值。通过满足学生在生理、安全、感情、尊重和自我实现层次上的需求，非遗美育文化可以为高校思政教育提供更加全面和深刻的教育体验，促使学生在多个层面上得到发展和提升。

需求层次理论是美国心理学家亚伯拉罕·马斯洛在《人类动机理论》（1943年版）中提出的。这一理论认为，人的需求由高到低可以分为五种，即生理需求、安全需求、归属与爱的需求、尊重需求和自我实现需求等五种需求。[①]

（1）生理需求

这是人类维持自身生存的最基本要求，包括饥、渴、衣、住、行的方面的要求。如果这些需要得不到满足，人类的生存就成了问题。在这个意义上说，生理需要是推动人们行动的最强大动力。马斯洛认为，只有这些最基本的需要满足到维持生存所必需的程度后，其他的需要才能成为新的激励因素，而到了此时，这些已经相对满足的需要也就不再成为激励因素了。

（2）安全需求

这是人类要求保障自身安全、摆脱失业和丧失财产威胁、避免职业病的侵袭、接触严酷的监督等方面的需要。马斯洛认为，整个有机体是一个追求安全的机制，人的感受器官、效应器官、智能和其他能量主要是寻求安全的工具，甚至可以把科学和人生观都看成是满足安全需要的一部分。当然，当这种需要一旦相对满足后，也就不再成为激励因素了。

（3）感情需求

这一层次的需要包括两个方面的内容：一是友爱的需要，即人人都需要伙伴之间、同事之间的关系融洽或保持友谊和忠诚——人人都希望得到爱情，希望爱

---

① [美]马斯洛.马斯洛人本哲学[M].唐译，编译.长春：吉林出版集团，2013：26.

别人，也渴望接受别人的爱。二是归属的需要，即人都有一种归属于一个群体的感情，希望成为群体中的一员，并相互关心和照顾。感情上的需要比生理上的需要来得细致，它和一个人的生理特性、经历、教育、宗教信仰都有关系。

（4）尊重需求

人人都希望自己有稳定的社会地位，要求个人的能力和成就得到社会的承认。尊重的需要又可分为内部尊重和外部尊重。内部尊重是指一个人希望在各种不同情境中有实力、能胜任、充满信心、能独立自主。总之，内部尊重就是人的自尊。外部尊重是指一个人希望有地位、有威信，受到别人的尊重、信赖和高度评价。马斯洛认为，尊重需要得到满足，能使人对自己充满信心，对社会满腔热情，体验到自己活着的用处和价值。

（5）自我实现需求

这是最高层次的需要，是指实现个人理想、抱负，发挥个人的能力到最大程度，完成与自己的能力相称的一切事情的需要。也就是说，人必须干称职的工作，这样才会使他们感到最大的快乐。马斯洛提出，为满足自我实现需要所采取的途径是因人而异的。自我实现的需要是在努力实现自己的潜力，使自己越来越成为自己所期望的人物。

马斯洛需求层次理论中的五种需求由低级到高级，呈阶梯式上升趋势，其中生理需求、安全需求、归属与爱的需求通过外部条件即可满足；尊重需求和自我实现需求要通过内部因素方能满足，这两种需求是无止境的，属于较为高级的需求。一段时间内一个人可能同时会有多种需求，但往往只有一种需求占主导地位，决定个人的行为和取向。各种需求同时存在并且相互依存，较高层次的需求得到满足后，低层次的需求也依然会存在，只是对个人行为影响较小。此外，按照需要层次进行的等级划分并不代表完全满足低层次需求后才能产生较高级别的需求，各种需求之间往往交叉共存，较低层次的需求基本满足后即会产生较高级别的需求，各层次的需求处在一种相对满足的状态。

第三章

非遗美育文化与高校思政教育的价值契合

2018年，习近平总书记就培养什么样的人、怎样培养人明确指出："我们的教育要培养德智体美全面发展的社会主义建设者和接班人。"① "思想政治工作是学校各项工作的生命线。"②非物质文化遗产在思想政治教育中美育价值的发现与渗透，有利于传播与共享非物质文化遗产之美，促进高校思政教育发展。高校在教育工作中积极引入非物质文化遗产相关内容，有利于非物质文化遗产之美在高校教育中得到充分展现，而高校思政教育作为育人的重要学科之一，也需要积极引入非物质文化遗产。通过思政教育与非物质文化遗产的有效融合，实现高校思政教育课程中非物质文化遗产保护与非物质文化遗产美育价值渗透，优化高校思政教育的美育效果，促进思政教育发展。

一、非遗美育文化融入高校思政教育的价值呈现

美育是情感教育、心灵教育，是大学生人格养成、净化心灵的关键。在我国现代教育体系中，美育不仅是"素质教育的有机组成部分，也是高校立德树人的育人过程中必不可少的环节"，关系到人才培养质量的提升，其重要性不可替代。非物质文化遗产是一个国家和民族历史文化成就的重要标志，是优秀传统文化的重要组成部分。根据联合国教科文组织的《保护非物质文化遗产公约》定义，非物质文化遗产是指被各社区群体，有时为个人视为其文化遗产组成部分的各种社会实践、观念表达、表现形式、知识、技能及相关的工具、实物、手工艺品和文化场所③。我国的非物质文化遗产形式多种多样，类型繁多，所包含的文化内容十分丰富。将"非遗"文化融入高校美育，是新时代高校美育改革发展的必然要求，在丰富高校美育优质资源的同时，传承中华民族悠久、璀璨的历史文化，让

---

① 习近平.在北京大学师生座谈会上的讲话[N].人民日报，2018-05-03（2）.

② 坚持中国特色社会主义教育发展道路培育德智体美劳全面发展的社会主义建设者和接班人[N].人民日报，2018-09-11（01）.

③ 郭城.虚拟现实在非物质文化遗产传承保护中的启示——以昆曲为应用实例[J].艺术品鉴，2021（30）：141—142.

广大青年学生树立国家和民族文化自信，促进人文素养的提升。

（一）提升教育对象综合素质

将非物质文化遗产引入高校思政教育有利于拓宽学生审美视野、丰富学生审美知识、体现非物质文化遗产美育价值。通过将非物质文化遗产融入高校思政教育，可以促使大学生与非物质文化遗产建立紧密联系，提升他们感知民族民间艺术的能力，并在与之产生审美共鸣的过程中，使他们的审美认知更加清晰，综合审美能力得到提升，促进他们的文化创意能力发展，培养他们独特的审美品味。

一是丰富审美知识。非物质文化遗产区别于文学、美术、音乐等审美传统与艺术形态，特别是非物质文化遗产艺术活动具有活态传承特性，与经典艺术形态相比，具有较大差异性，甚至其中的蕴意与主旨在某种程度上会完全相反。审美形态新颖各异的非物质文化遗产内容，会使大学生的审美兴趣与审美好奇心得到充分激发，引导大学生了解与感受非物质文化遗产之美，在思政教育中对非物质文化遗产之美产生更深层次的认知，使大学生基于主体立场对非物质文化遗产进行感知，降低大学生审美误判。非物质文化遗产具有多种形态，也能以多种方式对学生的审美产生影响。第一，载体为实用价值与物性特征的物质审美形态，具有代表性的有民间建筑、艺术品与民间手工艺品等，其中的具体手工艺品与非物质文化遗产建筑，都具备图案丰富、造型生动有趣、色彩鲜艳的特点，将这些物质融入高校思政教育中，能够给学生带来比较强烈的审美体验；第二，行为审美形态，侧重文化展演性质与情感体验，比如，民间娱乐、民间仪礼、年节习俗等，其中的具体节日与活动礼仪等，大都具有道具使用多、程式化的特点，为学生提供具备观赏价值的多种行为类审美形式；第三，精神审美形态，单纯地追求精神审美，比如，神话传说、宗教信仰、伦理禁忌、自然观念等，无论是哪一种的表现形式都不能被直接感知，需要大学生去探索其中的企盼思维、风尚追求以及审美信仰等深层要素。由此可见，非物质文化遗产之美具有多种形态与层次，能够给予学生多种审美体验，为其提供更丰富的审美知识。

二是提升审美能力。非物质文化遗产融入高校思政教育，发挥自身美育价值，能够有效提升学生审美能力，尤其是工艺美术品设计专业的学生，以非物质文化遗产提升其审美能力，能够进一步促进其更好地进行文化创意产品设计。在风格个性、意蕴内涵、形式样态等方面，在提升审美能力的同时也带来了在文化创业产品设计方面的提升。审美教育是一种很有实践意义的学科，可以培养学生在艺术教育中的实践技能。非物质文化遗产的活态传承特征要求通过操作人员作为媒介来具体呈现，必须把艺术教育的实践能力作为其核心内容，让师生突破传统美育的固化教学模式，走出校园，分享其美学理念与生活情趣，从而大幅提升学生的创新实践能力。

三是增强文化自信。非物质文化遗产不仅积淀深厚、种类繁多，而且地域代表性和东方美学特征明显，蕴含着深邃的中华美育精神。充分发挥我国非物质文化遗产的美育价值，对于传承和弘扬中华优秀传统文化，引领正确的审美观念，增强全民族的文化认同感和文化自信心具有重要意义。通过传承非物质文化遗产，以美育人引导大学生们增强文化认同感、自豪感，形成健康的主流价值观，进一步提升大学生们的审美能力和创新能力，充分体现高校教育立德树人的功能。非物质文化遗产是我国各族人民在长期的生产生活实践中勤劳和智慧的结晶，深深地打上了民族文化的烙印，构成了自我认同的文化标识。当代大学生学习本民族的非物质文化遗产可以在和其他文化的差异比较中确立本民族文化的主体性地位，从而培养对国家和民族的文化自信，为实现中华民族伟大复兴提供保障。

（二）推进思想政治教育发展

随着素质教育改革的深入推进，培养德智体美劳全面发展的现代化人才逐渐成为高校人才培养工作的主要目标。高校美育作为净化学生心灵、塑造学生人格的重要渠道，凭借丰富的审美素材与美学文化资源，培养学生发现美、欣赏美的能力，促进学生人文素养和思想道德品质的提升。传统思政教育美育价值内容比较单薄，具有单一性，非物质文化遗产是前人留下的宝贵财富，将其与大学美育教学结合起来，既能充实当前的美育教育课程内容，又能为弘扬中华优秀传统文化提供一个独特的视角。非物质文化遗产的融入丰富了传统美育教学的内容和方式，使美育具有了多元化的视野，促进了美育课程的改革与创新，对于当前高校美育教学具有十分重要的意义。

一方面，非物质文化遗产文化能为思政教育发展提供动力源泉。针对人的思想展开教育活动的思政教育，其教育成效与教育实施方式、内容以及资源存在直接关联。我国的非物质文化遗产涵盖多个类型的艺术领域，每一类都关涉美学问题或呈现为审美艺术形态，是重要的美育资源，它的融入让美育课程所涉猎的内容不仅仅局限于传统的高雅艺术，还囊括了带有乡土气息和民族民间韵味的艺术作品。这些非物质文化遗产留存可能在学术地位上比不上经典的艺术作品，但它们不同于高雅艺术对大学生的疏离感，民族民间艺术具有天然的亲和力，它们具有美育价值，浓厚的民族精神、乡土气息，更能感染人、鼓舞人，激发大学生强烈的爱国、爱乡情怀。将非物质文化遗产引入和应用到课堂教学，可以丰富和优化思政课程的内容资源库，让思政课程资源更加充实，更充分地展现思政课程的多元性、民族性以及综合性特征；也可以激发学生对于非物质文化遗产内容的了解兴致，调动起学生的研究兴趣，增强学生们非物质文化遗产的保护与传承责任意识，无形中为非物质文化遗产的保护和传承储备人才，让学生拥有更多的发展可能性。依托传统文化的传承实现思政教育理论的传播，可以为思政实践活动的开展产生有益驱动。非物质文化遗产文化是传统文化的重要组成部分，涵盖绘画、书法、建筑、雕刻等多个艺术领域，可以为高校教育提供丰富的美育资源，有效凸显高校美育工作特色。非物质文化遗产文化为思政教育提供充足思政资源，也可为思政教育的育人功能深化产生启迪，更有利于思政教育理论拓展、教育方法创新及教育情境的改良，从而增强思政教育实效性。

另一方面，非物质文化遗产可促进高校美育课程内容的创新，构建良好的美育教学生态体系。课堂教学是思政课实施的中心环节，教学模式的运用直接影响着教学质量和教学实效。传统的思政课教学模式以教师为主体，进行灌输式、填鸭式、被动式教学，教师讲得没劲，学生听得枯燥，使思政课教学效果大打折扣。《关于加强和改进新形势下高校思想政治工作的意见》指出："推进高校思想政治工作改革创新，要强化社会实践育人，提高实践教学比重，组织师生参加社会实践活动。"①因此，非物质文化遗产作为一种"活"的文化，其文化内涵不是通过具体的物质形态，而是通过人的活动表现出来的。非物质文化遗产的活态流变性和实践性特征为非物质文化遗产融入思政课、实现教学模式转变提供了可能性。思政课教师可以采用互动式教学，将非物质文化遗产技艺搬入课堂，学生通过亲自动手实践，感受非物质文化遗产的文化魅力；思政课教师可以采用虚拟仿真实验教学，学生沉浸式地感知非物质文化遗产运作，进而更好地内化课堂知识；思政课教师可以采用体验式教学，组织学生走进非物质文化遗产传承现场，增强学生对非物质文化遗产文化的理性价值认同，使其成为非物质文化遗产保护者和传承者。将非物质文化和思政教育课程融合，是将非物质文化遗产纳入高校课程资源系统，为教学改革提供强劲动力，可以增强人们对非物质文化遗产知识及内容的学习和了解，增进非物质文化遗产的传承与发展路径，同时也进一步创新思政课程教学模式。

（三）促进高校和谐环境建构

非物质文化遗产美育在高校中的推广和实施，可以为促进高校环境和谐发挥积极作用。以我国传统非物质文化遗产为内容和载体，通过一系列的教育手段和活动，培养学生对传统文化的理解、认同和创造能力。积极推行非物质文化遗产进校园活动，弘扬民族传统文化、增强文化自信，营造奋发向上、文明健康、崇尚和谐的校园人文环境。

首先，非物质文化遗产美育可以增强学生的自信心。让非遗有机融入日常的学习生活，实现了非遗保护与文化教育的有机衔接，既有助于近距离接触非遗、熟悉非遗，更能通过学习和了解非物质文化遗产，对自己的传统文化有更深的认同感，从而增强文化自信心。这种自信心能够使学生在高校环境中更加和谐地与不同文化背景的同学相处，促进跨文化交流和理解。

---

① 中共中央 国务院.关于加强和改进新形势下高校思想政治工作的意见[EB/OL].https://www.gov.cn/zhengce/2017-02/27/content_5182502.

其次，非物质文化遗产美育可增进学生交流与理解。非物质文化遗产常常承载着特定文化背景下的知识、价值和认知体系。在校园中推广非物质文化遗产，可以为学生们提供更多的机会去了解不同的文化观念、传统智慧和生活方式。通过交流与互动，学生们可以增进对多元文化的理解与尊重，培养跨文化交流与合作的能力，促进校园内各群体间的相互理解与和谐共处；非物质文化遗产美育注重培养学生的审美意识和审美情趣，通过学习传统艺术形式和技艺，培养学生对美的敏感性和欣赏能力，使学生更加细心、细致地观察周围的环境和人文景观，提高对美的感知和创作能力。这种审美情趣和创造力的培养可以促进高校环境中的艺术氛围的融洽和谐。

再次，非物质文化遗产美育可以加强学生的团队合作和社会责任感。非物质文化遗产文化往往具有集体性和传承性，学习和传承非物质文化遗产需要学生进行团队协作和合作。通过非物质文化遗产美育的实践活动，学生可以培养自己的团队合作精神、沟通能力和领导能力。在校园中推广非物质文化遗产，可以激发学生之间的情感共鸣和共同体验，促进交流与互动。通过参与共同的文化活动和传统习俗，学生们可以建立紧密的社交联结，培养团队合作和互助精神，增进彼此之间的理解与包容。同时，非物质文化遗产强调的是传统的守护和传承，学生在学习非遗文化的过程中，也会培养起对社会责任的意识和承担。非遗美育有助于营造和谐的高校环境。通过增强学生的文化自信心、培养学生的审美情趣和创造力，以及加强学生的团队合作和社会责任感，非物质文化遗产美育可以促进高校学生之间的交流与理解，创造出一个和谐、多元、共融的高校环境。

二、高校思政教育传承非遗美育文化的现实优势

《中华人民共和国非物质文化遗产法》第三十四条规定：学校应当按照国务院教育主管部门的规定，开展相关的非物质文化遗产教育。高校作为培养社会人才的重要场地，对大学生进行非物质文化遗产教育有着十分重要的作用。年轻人对非物质文化遗产的保护与传承有着特殊的群体优势，他们容易接受新鲜事物，

学习能力强，是社会文化传承的优秀群体，如果当代大学生都能认同和重视非遗文化，必将对非遗文化的传承与保护做出重要贡献。非物质文化遗产保护的传承力度关乎非物质文化遗产保护效果，并与非物质文化遗产的生命长度直接相关。而创新则可为文化发展产生驱动力，使濒临消失的非物质文化遗产文化重新焕发生机与活力。作为精神文化活动之一的思政教育，兼具文化传承及创新的功能，是非物质文化遗产文化传承与创新的有效路径。

（一）学科优势：有机结合专业课程推动美育工作

相对家庭传承与师徒传承这两种传统的传承方式而言，学校教育显然更具规范性且传播力度大。因而，对于教育传承而言，学校教育无疑是保护非物质文化遗产的关键，学校作为有着人才优势与智能教育条件的场所，对于非物质文化遗产的传承负有重要任务与职责。在现阶段，当传统文化不断面对现代文化的冲击时，非物质文化遗产的保护与传承已不再仅仅是文化馆或者某单位的"战场"，学校教育也将加入其"战队"中去。相比其他单位，高校在促进非遗美育文化传播方面具有鲜明的学科专业优势。在我国一些综合性大学很多都有专门从事非遗文化研究的人才队伍，同时也有为数众多的从事思政教育的专业思政教师队伍。加强两支队伍的协同与交流，充分发挥这两支高素质人才队伍作用，能有效地推动非遗文化研究和思政教育相融合。

高校可以利用学科和人才优势，设立专门的非物质文化遗产专业或开设相关的课程或课程群，为促进非遗文化传承和非遗研究贡献力量。一是传授非遗相关的知识、技能和理论。非物质文化遗产专业课程可以提供深入的知识和理论基础，使学生了解非物质文化遗产的起源、发展、特点和重要性。学生可以学习相关的研究方法和技能，深入研究和分析非遗项目，为非物质文化遗产的传承提供专业的支持和指导。这些课程可以包括非遗的历史沿革、文化背景、技艺传承、保护与传播等内容，帮助学生深入了解非遗的价值和意义。二是保护和传播意识培养。学生通过学习非遗的背景和价值，了解非遗项目面临的挑战和保护现状，培养保护非遗意识。专业课程不仅仅传授非物质文化遗产的知识和技能，还可以加深学生对保护和传播非遗的重要性的认识。鼓励更多感兴趣的同学参与其中，为非物质文化遗产的保护增添新生力量。充分利用学校美育渠道，深入挖掘特色非物质文化遗产文化，并采取创新模式吸引学生关注了解非物质文化遗产文化。不仅能够增强学生的美学素养和审美品质，而且能够激发学生对非物质文化遗产的文化创作热情，应用地域生活经验与文化记忆，将传统非物质文化遗产文化元素与现代传播形式有机结合起来，推动本土非物质文化遗产文化的传承发展，使非物质文化遗产文化成为新的时尚潮流。三是技艺传承。非物质文化遗产专业课程可以提供系统的培训和训练，帮助学生学习和掌握传统的技艺和技术。通过实践和指导，学生可以逐步培养非遗技艺的实际操作能力，从传承人或专业教师那里获得宝贵的经验和指导，促进非遗项目传承和发展的同时，有效开发能够并愿意继承非遗项目的后备力量。建立非物质文化遗产传承教育的长效机制，分年级、分层次，有规划、有方法地逐年开展，这可以使年轻一代了解非物质文化遗产并强化他们对传统文化的主人翁意识，真正做到"非物质文化遗产传承，人人有责"。非物质文化遗产教育不仅仅是传授知识和技能，更重要的是培养学生的文化意识、身份认同和审美能力。教学研究可以借助现代教育理论和方法，设计有效的教学内容和策略，促进学生对非遗的深入了解和情感共鸣，培养他们对传统文化的尊重和热爱，从而推动非物质文化遗产的生生不息。同时，非物质文化遗产的传承不是简单的复制和传统，而是要与现代社会相结合，实现创新与发展。教学研究可以促进非遗传统知识的传统性与创新性的结合，探索如何在教学中融入现代技术、艺术表达和创新创造，激发学生的创造力和创新潜能，为非物质文化遗产的传承注入新的活力。

（二）资源优势：优质教育资源助力美育长效机制

高校拥有丰富的学术资源，包括教师团队、研究机构和图书馆等。这些学术资源可以为非物质文化遗产美育文化的传承提供专业的支持和指导。

一是充足的有形资源。第一，高校是文化信息中心，是文化宣传的重要基地，它拥有文史资源丰富的图书馆、档案馆、校史博物馆，另外还设有展厅、报告厅、学生活动中心等文化交流场所。高校应充分利用这些文化设施进行非物质文化遗产相关展演和研究，有效地拓宽本土文化认知和非物质文化遗产的传播途径，让更多的学生了解并喜欢上非物质文化遗产，从被动学习转变为主动学习，扩大传承者的覆盖面，从而推动非物质文化遗产文化的保护和传承。第二，高校图书馆内配有专业的图书资料管理员，他们可针对非物质文化遗产原始材料进行收集、整编、勘误和保存，使民间故事更加生动流畅。同时，高校还可以将这些素材整理成册，出版发行，作为中外学生非物质文化遗产课程的优秀教材，促进非物质文化遗产文化的普及和推广；高校通常设有教学实践基地，如艺术实验室、工作室、博物馆等。这些实践基地可以成为非物质文化遗产美育文化的实际操作和展示场所。学生可以在这些基地进行非物质文化遗产文化的学习、实践和创作，通过亲身体验和参与传统工艺、艺术表演等活动，加深对非物质文化遗产美育文化的理解与掌握。第三，现代高校拥有先进的网络和科技平台，可以利用互联网、在线学习平台、虚拟实验室等，进行非物质文化遗产美育文化的教学与传播。通过网络平台，可以实现线上学习、讨论和资源共享，开设在线课程、讲座和研讨会，扩大非物质文化遗产美育文化的传播范围，提高传承的效果和影响力。第四，有经验的专业教师可以深入研究和传授非物质文化遗产文化知识与技能，研究机构可以开展相关的学术研究和调查，图书馆资源可以提供丰富的文献和资料，为教师和学生提供学习和研究的便利。第五，高校通常有一定的研究和教学经费，可以利用这些资金支持非物质文化遗产美育文化的传承工作。可以组织非物质文化遗产美育文化的培训项目、学术研讨会、文化活动等，为学生提供更多学习交流的机会。同时，高校还可以申请相关的研究项目和资助，支持对非物质文化遗产美育文化的深入研究与传承。非物质文化遗产不能只是一种秘方或是一项绝技的封闭式传承，它们需要更高效、健康的传承模式。高校是传播、继承以及创新文化的场所，可以说高校传承将会成为非物质文化遗产发展的最佳途径之一。

二是丰富的无形资源。首先，高校通常与社会各界建立了广泛的合作关系，包括博物馆、非物质文化遗产传承人、文化机构、企业等。这些合作伙伴可以提供实物展示、技术支持、经验传授等资源，为高校思政教育传承非物质文化遗产美育文化提供支持。与社会合作伙伴的合作可以丰富教学内容，拓宽教学方法，提供实际支持和契机，促进非物质文化遗产美育文化的传承与发展。其次，高校先进的多媒体教学可以扩大学生的知识面和视野，使学生们从文本化的学习方式中解放出来，获得集视觉、听觉、触觉为一体的学习体验，感受非物质文化遗产文化的精神与魅力。传统的非物质文化遗产传承方式大多是言传身教，很少以文字形式出现，是不稳定的、脆弱的，甚至某些非物质文化遗产面临失传的危险，高校可以充分利用其学术优势，深入挖掘、整理非物质文化遗产原始资料，借助先进的科研设备，用科学严谨的方法全方位地总结研究，为非物质文化遗产保护和传承提供强有力的理论和技术支撑。最后，相比于其他社会非物质文化遗产保护机构，高校研究者的素质较高，能够以中立的身份公正无私地进行非物质文化遗产研究工作，为非物质文化遗产的保护、传承献智献力，不受金钱利益的诱惑。同时高校是各类精英的集散地，涵盖多种学科，并拥有各个领域的学术专家以及丰富的科学研究资源。高校应积极推动不同学科专业的研究者参与到非物质文化遗产的保护传承工作中，发挥各自在本专业的学术成就，通力合作，协同创新，将现代科技与传统文化结合，强化学科之间的融合，提升非物质文化遗产的理论高度，探索非物质文化遗产研究的新思路与新方法。

（三）群众优势：广泛的学生群体扩大美育辐射范围

高校作为培养人才的重要场所，拥有广泛的学生群体，高校学生群体作为接受教育和文化熏陶较为全面的年轻人，其参与传承非遗具有重要的意义和价值。

第一，深化对非物质文化遗产的认知理解。高校广泛的学生群体通过美育教育的引导和非遗相关课程的学习，更加深入地了解和认识非遗文化的重要性。他们对非遗元素的认知和理解能够提升，从而培养传承意识，使非遗得到更好的保护和传承。

第二，助力非物质文化遗产向社会推广。高校广泛的学生群体具有较强的社会影响力和传播能力。他们作为未来社会的中坚力量，能够在校内外组织和参与各类非遗推广活动，引起社会的关注和重视，从而促进非遗的传承和发展。高校作为文化传承和发展的载体，在非物质文化遗产人才培养方面具有天然优势。高等教育的对象主要是具有创新思维和发展潜能的青年一代，他们对新鲜事物的接受和学习能力较强，在掌握非物质文化遗产特性的同时加以创新，形成一条非物质文化遗产发展的新通路。根据文化遗产的基本内涵及表现特征，将学生群体作为非物质文化遗产文化的观念表达、社会实践、知识传达、表现形式的媒介，并使其成为传承与弘扬非物质文化遗产文化的主要力量。在此背景下，非物质文化遗产文化能够得到有效的传承，并在与历史自然及周围环境的积极互动中，得到不断的创造与发展，以此为社会大众提供持续的认同感，增强国民对人类创造力及文化多样性的尊重。而通过高校课堂教育的形式，教师能够更加有效、直观形象地培养优秀的"非物质文化遗产传承人群"。

第三，带动对非物质文化遗产的传承保护。高校可以逐渐培养形成一支专业知识面广、素质高的人才队伍作为文化传播的重要力量，通过校内教学展览、演出和社区活动等方式，将非遗文化传播给更多人。他们的参与和推广可以增加非遗的曝光度和影响力，促进非遗的保护和传播。现代教育的发展趋势是多元文化教育。在全球化时代的背景下，高校不仅应向学生传授本国本民族的优秀传统文化，也应让学生感知和了解其他国家的优秀文化。近些年，高校为促进国内外文化的交流，多种活动如雨后春笋般出现，如短期交流、夏令营、冬令营等。显而易见，高校能使非物质文化遗产的发展更具开放性和包容性，推动我国非物质文化遗产的传承与保护再上新台阶。

三、非遗美育文化与高校思政教育的耦合要素分析

（一）以美育人与思想引领（立德树人）相契合

无论是思想政治教育还是美育，主要功能都是育人，旨在培养大学生全面发展。将非物质文化遗产融入高校思政教育，发挥其美育价值，就可以在一定程度上为大学生审美与政治素养提供保障。

　　发挥育人功能，促进大学生全面发展。非物质文化遗产在高校思政教育中发挥美育价值，比如，非物质文化遗产能够有效培养大学生增强自身文化素质与道德素质。非物质文化遗产中包含丰富的文化形式与文化内容，对我国民族文化传承与发展起到非常重要的作用。因此，将非物质文化遗产引入高校思政教育，能够有效增强大学生文化素质，使其通过自身主动积极的态度，学习文化知识，感受文化知识熏陶，拓宽文化视野，丰富文化知识与精神世界，使大学生在当代社会展现自身的积极精神面貌，体现非物质文化遗产美育育人价值。非物质文化遗产在高校思政教育中增强学生道德素质，展现美育育人价值，体现在非物质文化遗产中的丰富思想与精神能够为大学生提供多种多样的思想道德教育资源，使大学生深切感受中华传统美德，在非物质文化遗产中找到适宜自身的精神支柱，在无形中提升自身道德素质，满足新时代大学生发展需求。在此基础上，非物质文化遗产在高校思政教育中美育价值的发挥，还可以通过全面育人功能实现，解决当代大学生的部分思想行为问题，为高校教育发展提供有效助力。

　　发挥化人功能，凸显方向性与确定性特征。非物质文化遗产文化的社会性及群体性十分鲜明，可塑造出契合民族文化需求的人才，有利于社会秩序维护、民族团结提升[①]。同时，非物质文化遗产文化属于"活"的文化，可通过文化内涵价值的继承与传扬对族群成员产生持续性影响。思想政治教育可通过有计划、有针对性的思想观念进行引导，强化政治观点，通过道德规范约束而增强人的思想品德与社会建设发展需求之间的契合性，这一社会实践活动的开展目的是育人。由于思政教育兼具文化属性，以文化实践活动为主要形式，因而其育人过程便是文化的化人过程。二者均是通过特定精神文化而对人的思想产生影响的精神文化活动，因而非物质文化遗产文化的化人与思政教育的育人内涵是一致的。非物质文化遗产不仅要请进高校来，扎根高校落地开花，结出硕果之时还应发挥高校服务社会的重要职能，将高校的研究成果、资源优势和平台优势发挥出来，为地方文化的发展、为非物质文化遗产文化在社会领域的传承创新做出积极贡献。

---

①　徐丹.非物质文化遗产在思想政治教育价值的发现与渗透[J].经贸实践，2017（10）：282.

坚持以美育人与立德树人相结合是新时代高校美育实践的旨归。首先，立德树人是以美育人的价值导向。习近平总书记强调："高校立身之本在于立德树人。"立德树人作为教育的根本任务，也是新时代高校美育实践的首要目标。只有在以美育人中融入立德树人的理念，进一步统筹规划和细化高校美育工作，才能与时代发展同频共振，回应时代人才培养的要求。其次，以美育人是立德树人的题中应有之义。以美育人的"美"和立德树人的"德"在本质上是相通的。以美育人是以美的内容和方式培育人们的道德感，增强人们的道德意识，提升人们的道德境界，通过"美"引导个体情感的健康发展，在感化人和激励人中塑造充满活力的个性生命，最终达到"美"与"善"的统一。最后，以美育人与立德树人共同指向人的全面发展。人的全面发展是马克思主义的最高人格理想，也是现实个人和美好社会所要追求的目标。"培养德智体美劳全面发展的社会主义建设者和接班人"①是以美育人和立德树人的共同指向。美育以美辅德、以美益智、以美健体、以美促劳，对其他四育潜移默化地发挥着促进作用；同时，"德智体劳"四育中也蕴含着丰富的美育内容，为高校美育实践提供了多元的平台。新时代高校美育实践要有更宽阔的视野，在五育融合并举中协同推进以美育人与立德树人，促进人的自由全面发展。

立德树人与文化传承的耦合性。进入21世纪，我国自上而下高度重视"非物质文化遗产"保护，民族文化的多样性和多元价值得以彰显，社会成员之间对本土文化有了更深入的理解和认识。非物质文化遗产保护运动将民间个体的文化行为上升至民族共同体的文化意识，为文化自觉的实现提供了技术路径，同时也为非物质文化遗产进校园奠定了基础。课程思政是高校实现立德树人这一任务的战略举措，其本质是打通传统教育各学科之间各自为阵的局面，最终实现思政课的育人性与通识课（或专业课）的育才性。推动非物质文化遗产进校园、入课堂，就是要充分释放其凝练的精神价值和文化内涵，通过传统文化的浸润实现"以文化人"之目的。国务院《关于加强文化遗产保护的通知》第五条第四款规定："教

---

① 坚持中国特色社会主义教育发展道路、培养德智体美劳全面发展的社会主义建设者和接班人[N].人民日报，2018-09-11（1）.

育部门要将优秀文化遗产内容和文化遗产保护知识纳入教学计划，编入教材，组织参观学习活动，激发青少年热爱祖国优秀传统文化的热情。"①因此，在非物质文化遗产保护和传承过程中，高校要积极承担主体责任，将文化传承与立德树人有机融合。文化传承是现代高等教育的功能之一，高校对促进文化的传承和创新肩负着重要的使命和责任。非物质文化遗产课程的开设对于高校人才培养、科学研究、服务经济社会发展来说意义显著，不仅有利于民间传统文化与精英文化在更高层次上的对话，而且能提升我国文化软实力以及中华文化的国际影响力。那么，在非物质文化遗产课程的建设过程中，如何找到文化传承创新和立德树人之间的契合点？首先，在教材编写方面，要挖掘凝聚社会主义核心价值观的遗产资源，以克服多元文化的不利影响，增强大学生文化自信，铸牢对中华民族共同体意识的认识，从而外化为践行社会主义核心价值观的行动。其次，要将非物质文化遗产纳入学校教学体系，发挥高校的学术资源和文化传承优势，整合地方优秀文化遗产进入课程体系，让教学实践成为非物质文化资源可持续发展的重要桥梁，从而实现文化保护传承与立德树人的价值功能。

（二）提高人文素养与提升综合素质相吻合

提高人文素养与提升综合素质是相互关联的过程。通过提高人文素养，个体可以全面发展自己的知识、能力和价值观，从而促进综合素质的提升，而提升综合素质又可以为人文素养的深化和拓展提供充分的展现和实践平台。学校美育就是在教育教学中使学生懂得美的基本理论，增强审美意识和能力，更好地去认识美、鉴赏美、创造美。学校美育的教学内容、过程及环境等都会对学生的审美意识和审美素质产生影响，进而延伸至社会领域。唯有在学校美育与社会美育相协同中形成有机的统一体，才能适应时代和社会发展规律，才能符合大学生成长成才的发展规律，融知识学习、技能提高与素养提升为一体。

美育契合大学生的人格发展的内在需求，能完善大学生人格的情感性、人格

---

① 国务院办公厅.关于加强文化遗产保护的通知[EB/OL].https://www.gov.cn/gongbao/content/2006/content_185117.

的整体性、人格的融合性、人格的超越性和人格的创新性。现代教育应试教育带来了学生情感和感性方面的弱化，使学生缺乏人文素养，而审美教育活动能激发学生的情感，使学生的感性和情感变得日益丰富和敏感。美育是人的全面发展的教育，它不仅能促进人的感性和情感的发展，还是沟通理性和感性的桥梁，使人的感性和理性变得调和，成为一个完整的人。美育不仅能提高学生的审美素养，更为重要的是，它能使学生在欣赏美、创造美的过程中，互助合作，彼此欣赏，彼此信任，和谐愉快，消解竞争带来的隔阂。美育对大学生人格的超越性表现为，它能让学生以一种审美的眼光去看待世界，看待人与自然、人与人、人与社会之间的关系，培养学生以超然的态度审美化地生存，培养生活的艺术家。美育还能提高大学生人格的创新性。现代社会，职业分工越来越细，技术要求越来越专业化，人也被迫按职业要求类别化、模式化培养和教育，人的个性在一定程度上被压抑、抹去，人成为了狭窄领域的片面化存在，在机械地运行。而美育作为个性化教育，是以培养学生的创新人格为旨归的，它主要在于培养学生完整的人格，培养学生的创新性思维和能力，使学生在科学与人文、知识与能力、智力与非智力之间达到协调发展，促进人格的完善。

人文素养是提升综合素质的基础和内在动力。人文素养的提升可以促进个体在不同领域能力的全面发展。人文素养包括对人文知识、价值观念、道德伦理等方面的理解和修养。通过对文学、历史、哲学、艺术等人文领域的学习和理解，个体可以培养批判性思维、跨学科思维以及全球视野等能力，从而为综合素质的提升奠定基础。

人文素养的提升对于个体在各个领域能力的全面发展至关重要。人文素养的培养能够拓宽个体的视野，增强思辨能力和综合分析能力。通过阅读文学作品，个体可以培养情感及情商，提升人际交往能力；通过研究历史与文化，个体可以加深对社会和人类发展的理解，培养批判性思维和判断力；通过探索哲学和伦理，个体可以建立自己的价值观念和道德观念，增强社会责任感和公民意识。这些人文素养的提升将有助于个体在学业、职业、社会参与等方面展现更全面的能力和素质。而人文素养与美育相互关联，可以相互促进。通过学习和欣赏艺术作品，个体可以培养对美的感知和表达能力，提高审美情趣和鉴赏水平。美育活动中的绘画、音乐、舞蹈、戏剧等艺术形式，能够激发个体的创造力和想象力，培养个体的艺术表达能力和创造力。人文素养还能够培养个体的情感态度和价值观念。通过在艺术作品中感悟人生、思考人性和价值观的问题，个体可以加深对自身情感的理解，培养共情能力与情感智力，提升个体的人际交往和社会适应能力。此外，人文素养的提升对于培养个体的跨文化交流能力也具有重要意义。通过学习不同文化背景下的艺术、文学、历史等知识，个体可以拓宽自己的视野，增强对多元文化的理解和尊重。这种跨文化的素养对于个体在全球化时代的生活和工作具有重要的意义。

人文素养与综合素质之间相辅相成。综合素质的提高需要个体拥有较高的人文素养，而人文素养的培养也需要综合素质的支撑和提升。综合素质包括学科知识的掌握、创新思维的培养、实践能力的提升以及社会责任感的培养等多个方面的能力，而人文素养作为其中的重要组成部分，为综合素质的发展提供了思维、情感和价值观等方面的支撑。通过学习人文领域的知识，个体可以拓展自己的认知边界，培养创新思维和多元思维。人文素养的培养能够加强个体的批判性思考和解决问题能力，为综合素质的提高提供了重要的认知工具。同时，综合素质的提升也为个体的人文素养培养提供了平台和机会。例如，参与实践活动可以让个体将人文素养运用于实际情境中，从而加深对人文知识的理解和应用。

综合素质和人文素养的相辅相成关系体现了综合素质教育的理念，既要注重培养个体的学科知识和技能，同时也要重视人文关怀和人文精神的培养。只有在综合素质和人文素养相互促进的基础上，个体才能实现全面的发展，并在不同领域展现出卓越的能力和素质。通过推广美育教育，将艺术素养和审美能力纳入教学内容，注重个体的艺术表达和创造能力的培养。此外，也可以组织学生参加艺术实践和文化体验活动，提供机会让学生接触和体验各种艺术形式，从而促进学生的人文素养和综合素质的提升。

（三）塑造"美好心灵"与坚定理想信念相符合

习近平总书记指出："办好思政课，要解决好培养什么人、怎样培养人、为谁培养人这个根本问题。"[①]从新中国成立之初培养"又红又专的社会主义建设者"，到培育"四有"新人，再到新时代培养"德智体美劳全面发展的时代新人"，思政课起着举足轻重的作用。为时代新人培根铸魂，是新时代思政课的重要使命。非物质文化遗产作为中华优秀传统文化的瑰宝，蕴含着"修己以敬、厚德载物"的德育思想，包含着"和衷共济、格物正心"的生活智慧，蕴藏着"各美其美、美美与共"的美学境界，体现着"敬业精益、专注创新"的工匠精神。因此，将非物质文化遗产资源融入思政课，能够提升大学生思想道德素质，增强其求知识、寻真理的能力，形成其健康向上的精神风貌，提升其审美能力和审美格调，在培育德智体美劳全面发展的高素质人才中发挥着重要作用，成为促进思政课育人目标转化的应有之义。

一是将价值观引导寓于知识传授之中。大学生正处于"拔节孕穗期"，心智逐渐成熟，思维更加活跃。思政课应不断增强亲和力和吸引力，充分发挥理论育人优势，通过精神引导和培育，帮助学生筑牢信念之基。习近平总书记强调："推动思想政治理论课改革创新，不断增强思政课的思想性、理论性和亲和力、针对性。"[②]他还指出："推动思政课的改革创新，必须坚持'八个相统一'。"这为非物质文化遗产融入思政课指明了方向。非物质文化遗产具有丰富的思想内涵和价值意蕴，将非物质文化遗产融入思政课，为运用好非物质文化遗产"八个相统一"奠定基础。"培育和弘扬社会主义核心价值观必须立足中华优秀传统文化。"非物质文化遗产是中华优秀传统文化的精华，为培育社会主义核心价值观提供精神力量。非物质文化遗产融入思政课，将知识作为载体、价值引领作为目的，将非物质文化遗产蕴含的"敬业乐群""精益求精"精神与个人层面的价值理念相

---

① 习近平.思政课是落实立德树人根本任务的关键课程[J].求是，2020（17）：8.

② 习近平主持召开学校思想政治理论课教师座谈会强调：用新时代中国特色社会思想铸魂育人，贯彻党的教育方针落实立德树人根本任务[N].人民日报，2019-03-19（01）.

融合，为引导学生将人生抱负落实到具体实际行动中提供价值指引；将"政者正也""道法者治"思想与社会层面的价值理念相衔接，为促进社会和谐稳定提供精神支撑；将"以文化人""保合太和"追求与国家层面的价值理念相承接，为增强民族自信心和自豪感提供价值导向。非物质文化遗产融入思政课，使"基于教材而又不拘泥于教材"成为必要。坚持以学生为中心，利用非物质文化遗产资源进行小组研学、情景展示、课堂辩论，使学生爱听爱学、听懂学会。灌输是马克思主义理论教育的基本方法，非物质文化遗产融入思政课，在进行灌输教育的同时，讲好非物质文化遗产故事，挖掘非物质文化遗产蕴含的思想政治教育资源，注重启发式教育，利用非物质文化遗产案例引导学生发现问题、分析问题、解决问题，以润物无声的方式实现全方位育人。

二是提升学生的道德品质和文化修养。大学生正处于"三观"、人格和道德品质形成的关键时期，具有较强的好奇心和良好的学习能力，能够迅速掌握新知识，获取新事物、新观点，但由于缺乏良好的辨别能力，容易被外界不良信息与负面观点诱导，形成错误的价值认知，做出不当的价值判断。这就要求高校美育工作有效发挥立德树人效能，帮助学生树立正确的价值取向，不断提升认知水平和文化修养，更好地适应社会环境，实现自我价值。区域非物质文化遗产文化作为一种符号化的文化资源，包含礼仪风俗、手工技艺、文学艺术等多项内容，不仅具有良好的审美价值，能够带给人们愉悦的审美体验，而且可以借助形式新颖的文化资源滋养人们的心灵，将勤劳勇敢、吃苦耐劳、谦虚和善等优良道德品质渗透到人们的意识理念中，达到良好的道德教育效果。推动区域非物质文化遗产文化与高校美育工作融合发展，能够构建系统完善的美育教育体系，为学生身心健康成长营造良好的外部环境，真正实现以美育人、以文化人。

高校美育工作应该以提高学生的审美能力和人文素养为目标，以立德树人为根本，以社会主义核心价值观为引领，弘扬中华美育精神，把美育纳入人才培养全过程。将非物质文化遗产文化融入高校美育教学，有针对性地转化、创新与应用传统文化元素，可充分发挥非物质文化遗产文化的社会美育功能，丰富学生的精神文化生活。

第四章

美育文化融入思政教育的历史渊源

一、美育文化融入思政教育的传统文化基因

（一）先秦："礼乐教化"中的审美教育

先秦时期，礼乐教化是一种以礼制和音乐为核心的教育理念和实践。礼制是指人们在社会交往中遵守的一套规范和仪式，而音乐则是通过声音的表达和艺术形式来传达情感和价值观。这种教育模式通过培养人们的审美情趣和修养，塑造他们的品格和行为。审美活动要求主体积极主动地参与其中，通过观察、思考、感受和评价来获得审美体验。自上古、夏、商时期起，乐教在古代中国的宗教和文化中扮演了重要的角色，是一种通过审美体验和音乐表达来寻求与神灵交流的宗教仪式。随着周初人文精神的觉醒，周公制定了《周礼》来规范社会的仪式和礼仪，强调尊重祖先、尊崇君主和遵守社会秩序，这意味着西周礼乐文化已经走出了"迷信深重之世"，进入了"伦理宗教"阶段[①]，展现出了礼乐文化已经进入到自觉的审美阶段，通过参与乐教和礼仪活动，人们可以体验音乐、舞蹈和仪式的美妙，同时也接受艺术和美育的熏陶。

春秋时期继承了西周的社会秩序观念和君臣关系的价值观念。尽管春秋时期的诸侯国争霸，社会动荡不安，但仍保持了对君主权威的尊崇和对礼仪规范的追求，继承了西周的礼乐文化传统，注重礼仪和音乐的实践。礼仪被视为维护社会秩序和人伦关系的重要手段，音乐则被认为有助于陶冶人的性情和修养的艺术形式。此时，以孔子、孟子、荀子为代表的儒家成为西周"官学"衰落后最先产生的私家学派，儒家思想传承了西周的礼乐教化，强调人伦关系、仁爱之道和礼乐实践的重要性，认为礼乐是维系社会秩序、塑造人的道德品质的重要手段。孔子重视诗乐，更看重其教化作用及对个人修养和社会政治的影响，强调"里仁为

---

① 祁海文.论中国古代美育思想的起源与产生[J].上海师范大学学报（哲学社会科学版），2006（6）：54.

美"的审美教育思想，最终为德育服务，为实现"礼"和"仁"理想服务①。儒家为学从教确实传承了西周官学"六艺"。《史记·孔子世家》称："孔子以诗、书、礼、乐教，弟子盖三千焉，身通六艺者七十有二人。"《论语·泰伯》中提到"兴于《诗》，立于礼，成于乐"。通过传承西周官学的六艺，孔子致力于培养有德有才的人才，推动社会的和谐与进步。首先是《诗》，指的是《诗经》。《诗经》是中国古代的重要文化遗产，它包含了众多古代诗歌，反映了当时的社会风貌、伦理道德和人际关系。《诗经》中的诗歌可以表达人的情感和思想，是一种美学的表达和教化工具。通过学习和吟咏《诗经》，个体可以接受文化的熏陶，培养审美情趣和情感修养。其次是礼，指的是礼仪。孔子曾说："礼之用，和鸡鸣，鸡鸣之义，在其言也。"礼的作用就像鸡叫，它可以使人们认识自我，以此来达到自律的目的。通过遵循礼仪规范，个体可以建立和谐的人际关系，培养尊重、忠诚、孝顺等道德品质，使社会秩序得以维持。最后是乐，指的是音乐。"人而不仁，如礼何？人而不仁，如乐何？"②《论语注疏》对此句的注疏云："人而不仁，必不能行礼乐。"《论语全解》对此句的注疏云："礼乐以仁为本也。盖礼者仁之文，乐者仁之声，有仁之实，然后能兴礼乐。"音乐能够陶冶人的情操和品性，培养美感和和谐之道。通过欣赏和学习音乐，个体可以修身养性，培养仁爱之心，塑造和谐的社会关系。

儒家"养心"审美思想认为，人的内心包含了仁、义、礼、智等心理元素，即恻隐之心、羞恶之心、恭敬之心和是非之心。儒家认为一个人的言行举止、态度和道德品质会影响其审美价值，认为美的外在表现应该反映一个人内心的美德和品性③。仁爱、忠诚、诚实和谦逊等美德被视为审美上的重要因素。在《论语·尧曰》中的一段对话中，子张问孔子："何谓五美？"孔子回答说："君子惠而不费，劳而不怨，欲而不贪，泰而不骄，威而不猛。"这里的"美"被理解为

---

① 彭修银，张宏亮. 论先秦时期儒道美育思想的特质及其当代意义[J]. 陕西师范大学学报（哲学社会科学版），2010，39（5）：127.

② 杨伯峻. 论语译注[M]. 北京：中华书局，1980：24.

③ 陈理宣. 先秦儒家"养心"美育思想[J]. 文艺研究，2012（9）：155.

以美观的形式表现出的"善"。孔子将"美"与"善"进行区别，并进一步解释道，《韶乐》达到了美和善的完美统一，而《武乐》虽然美，但尚未达到完美的善。儒家将美与道德紧密联系在一起的观点是将美德内化于心，通过个体的语言和行为表现出来。一个人如果具备仁爱、忠诚、诚实和谦逊等美德，他的外在表现就会体现出高尚的美学价值。儒家注重个体的道德修养和品行，他们认为通过培养自身的道德素养，一个人可以提高自己对美的欣赏和理解能力。儒家的审美思想与个体的道德修养、社会关系和社会秩序紧密相连，强调和谐与均衡的美学观念，追求自然与宇宙的和谐共生，以及简朴与克制的审美价值。这些观念都反映了儒家对于人与人之间、人与自然之间和人与社会之间和谐关系的追求。

先秦时期的礼乐教化对后世产生了深远的影响，成为中国古代教育的基石，对整个社会的价值观和行为规范产生广泛影响。在后来的历史时期，礼乐教化的精神被继承和发展，成为中国审美教育的重要组成部分。尽管在当代教育中，礼乐教化的地位已经有所减弱，但其深刻的理念与现代社会的文明进步和人文素养的培养相契合，也为培养全面发展的个体和促进社会文明的进步提供了有益的借鉴和指导。这主要体现在，其一是礼乐教化强调的审美情感培养与现代美育理念相呼应，都注重通过艺术表达形式激发个体的情感共鸣；其二是礼乐教化的理念强调道德与审美的统一，这与现代思政教育追求培养全面发展的公民有着共通之处。通过将审美教育与思政教育有机结合，可以更好地培养学生的情感态度和审美素养，引导他们在审美体验中感悟人生的价值和意义。

（二）宋明："雅俗之美"中的审美观念

"宋明理学人格美育思想既是对传统儒家人格美育思想的继承，又是对传统儒家人格美育思想的超越。"[1]一般认为宋明理学中有两种人生境界：一种是如周濂溪的光风霁月、邵康节的逍遥安乐、程明道的吟风弄月，属于"洒落"的境界；另一种是程伊川和朱熹式的庄整齐肃、动容貌、修辞气，属于"敬畏"的境

---

① 潘立勇.宋明理学的人格美育思想及其现代意义[J].文艺研究，2000（1）：6.

界。①即分别代表了"雅"与"俗","雅"代表了高尚、典雅、超凡脱俗的美，强调精神层面的追求；而"俗"则代表了平凡、通俗、日常的美，强调现实生活中的常态。这种雅与俗的划分反映了当时的人对美的不同追求和认知。雅与俗的区分反映了人们对美的不同追求和理解，这种观点与传统儒家人格美育思想一致，二者都追求高尚的道德境界和个体与社会的和谐统一。然而，宋明的人格美育思想在传统儒家的基础上进行了超越，强调个体与宇宙的关系，认为人的道德境界不仅仅是与社会关系的和谐，还包括与自然和宇宙的和谐。化雅入俗的内涵指在明代美学转向了肯定世俗生活、张扬个人享乐和商品经济注入生活的趋势下，传统的"雅"的原则和旨趣被"俗"吸纳并保存着"雅"的样态，但传达的是"俗"的精神。同时，"俗"成为价值选择的基点，不需要借"雅"立足，反而因与"雅"对峙而具有价值。

在这个转向中，美学关注中的"理""情""物"被突显出来。"理"代表了宇宙和社会秩序的根本原则，"情"则指个人情感和人性的真实表达，而"物"指的是自然界和物质世界。这些元素的结合揭示了一种深刻的世俗之美，它不仅仅是表面的审美体验，还深入到生活的各个层面。从化雅为俗的角度来看，这一转变显著地反映了当时社会文化的变迁。艺术作品开始更多地关注普通人的生活和情感，展现出一种对日常生活深刻的理解和赞美，这不仅改变了艺术的形式和内容，还影响了人们对生活的态度和价值观。泛情主义的影响使艺术家更加注重情感的真实表达，不再局限于传统的道德和礼仪规范，而是变成了一种更加人性化和情感化的表达。

文化多元性的认可。化雅入俗的美学转向中，传统意义上"雅"的原则和旨趣被"俗"吸纳，它们仍然保留着雅的样态，但传达的是"俗"的精神。这体现在对传统"雅"的原则和旨趣进行重新审视和再构思的过程中，特别强调了文化的多元性。艺术创作者认识到不同文化背景下的审美观念和艺术表达方式都具有独特的魅力和价值，因此在化雅入俗的美学中，不仅仅是将"俗"的元素引入

---

① 潘之勇. 理学美学初探[J]. 学术月刊, 1995（4）: 98.

"雅"的领域，更是通过对不同文化传统的尊重和包容，实现了雅与俗的对话与融合。深入挖掘人们的真实情感和现实生活，通过对不同文化元素的整合，艺术表现形式得以更为丰富和多样化，使得艺术作品更具有包容性和共鸣性。传统雅美强调高尚、典雅，而化雅入俗注重的是艺术的生活性和亲和力，从生活场景中获取情感和体验，使得艺术不再是高不可攀，人们更容易产生情感共鸣，进一步拉近了艺术与民众之间的距离。

在明代艺术发展中，小说和戏曲得到空前繁荣，反映了化雅入俗的趋势[①]。在此之前，文学主要是由士大夫阶层创作的诗歌和散文所主导，且多以表达个人抒情、政治抱负或文化修养为主。然而，明代小说和戏曲的兴起，标志着文学重心从士大夫的文化精英向普通民众转移，他们更多关注普通人的生活经验、情感冲突和社会现实，从而使文学作品更加丰富和多元。小说和戏曲通过描绘世俗生活中的人物和情节，传达了深刻的道德观念和价值选择。例如，《三国演义》和《水浒传》不仅是传统话本小说的集大成之作，它们还融入了丰富的道德教化意义，如忠诚、义气、智慧与勇敢。通过引人入胜的叙述方式，使道德观念和价值观念在广大读者中得到传播和接受，从而在一定程度上影响和塑造了民众的道德观念。明代小说和戏曲的繁荣也反映了当时社会结构和文化心态的变化。明代经历了社会经济的快速发展，城市化进程加快，市民阶层壮大，社会的变迁为小说和戏曲提供了肥沃的土壤。这些文学作品不仅娱乐了大众，也成为他们表达和反思自身经历的重要渠道。通过对世俗生活的描绘和道德观念的传达，小说和戏曲在一定程度上反映了当时民众的生活状态和心理需求。此后，小说和戏曲的流行也产生了文化自我认知和表达方式的转变。文学不再只是精英阶层的专属领域，而是变成了一种大众文化形式，更加接近普通人的生活和情感，文学作品也更具有包容性和普遍性，能够触及更广泛的社会群体。

雅俗之美的概念在现代思想政治教育中具有深刻的应用价值，它强调将广泛的个人审美兴趣与道德正确性相结合。这一观念与现代思想政治教育中对道德规

---

① 肖鹰.中国美学通史[M].江苏：江苏人民出版社，2014：377.

范和伦理原则的强调形成了共鸣，为教育实践提供了新的视角和方法。首先，雅俗之美的观念突破了传统教育中对政治理论和道德规范的单一强调，提倡将文学、艺术等领域纳入教育体系。这种方法不仅丰富了教育内容，也使得社会主义核心价值观和民族精神的传达更加生动和直观。通过文学作品中的情节、人物和主题，思想政治教育可以更加有效地传递正面的道德信息，弘扬美德，激励学生追求高尚的品德。其次，雅俗之美的观念在促进社会进步方面也发挥着重要作用。它鼓励个人做出正确的道德选择，并通过积极的社会互动贡献于社会的文化繁荣，促进了个人的精神成长，也有助于建设更加和谐的社会环境。此外，雅俗之美还强调理论与实践的结合，指导人们将道德规范融入个人行为和社会互动中。这种观念的实践在现代思想政治教育中尤为关键，它倡导尊重多元价值观，通过艺术实践展现道德。最后，雅俗之美的实践对于引导个体在日常行为中秉持正确的价值导向也至关重要。将道德规范与审美兴趣相结合，思政教育能够更全面地培养学生的道德观念和社会责任感，增强教育的实效性，也为培养全面发展的社会公民奠定了坚实的基础。

二、近代学者关于美育融入教育的思考

（一）蔡元培："美育代宗教"中的救国思想拓展教育深度

自19世纪后半叶开始，中国屡遭西方列强侵略，为拯救民族危亡，知识分子中的有志之士奔走呼号，他们试图通过各种途径改变国家积贫积弱的现状。蔡元培生活于当时，目睹了国家的衰落和人民的苦难，深刻认识到中国需要全民参与的救国思想来指引国家走向强盛和繁荣。然而，随着传统宗教信仰在现代社会的逐渐衰弱，它已无法满足人们对价值观和道德规范的需求，因此亟需一种新的理念和教育方式来填补这一空白。在20世纪初，蔡元培提出的"美育代宗教"救国思想，正是在此背景下孕育而生。与以往不同的是，蔡元培并没有简单地否定宗教，而是从积极的角度提出了替代性方案。在认可并吸纳从康德到席勒的美学思

想之后，他主张美育可以作为一种陶冶情感、培育人性、提升心灵的方式，完全可以取代宗教的角色。

在1917年做了题为"以美育代宗教说"的演讲后，蔡元培又分别于1930年和1932年发表《以美育代宗教》和《美育代宗教》两篇题名几乎相同却各有侧重的文章，以强化主张的理论效应。如蔡元培说："人人都有感情，而并非都有伟大而高尚的行为，这由于感情推动力的薄弱要转弱而为强，转薄而为厚，有待于陶养。陶养的工具，为美的对象，陶养的作用，叫作美育。"①情感是人们行为的动力之一，但并非所有人都能将情感转化为伟大而高尚的行为。这缘于情感的力量可能相对较弱，需要通过适当的教育和培养来增强。而他提到的"转弱而为强"指的是通过教育情感的力量变得更加强大和积极，从而推动人们展现出伟大的行为。美育所具有的强大凝聚力和引导力，能够在民众中塑造一种共同的美的追求和价值观，成为一种新的精神力量和文化纽带，以推动国家的发展和振兴。美育作为一种新的价值追求和教育方式，不仅可以培养人们的审美能力和情感修养，还能够激发人们对美的追求和热爱，培养高尚的道德情操和精神追求。通过对艺术、文学、音乐等形式的教育，人们可以提升个人的审美素养，从而塑造出高尚的道德品质和思维方式。这种高尚的道德情操和思维方式可以促使人们关注社会公益、尊重他人、追求真理和公正，培养出具有社会责任感和公民意识的人才。

蔡元培所言的美育，是"纯粹之美育"，因而才有"以美育代宗教"的命题。这种"纯粹之美育"，"不复有人我之关系，遂亦不能有利害之关系"②。这种超越人际和功利关系的追求，试图通过将美育代替传统的宗教信仰，给予人们一种新的精神寄托和价值引导，使他们在面对国家的危机和困境时能够以更高的境界来回应。蔡元培认为，只有通过美育的教育和培养，人们的心灵才能得到滋养和升华，具备拯救国家、振兴民族的力量。通过接触和学习艺术作品、文学作品以及音乐等，培养对美的敏感度和欣赏能力。他强调，美育除了是对美的感知，更是对美的理解和深入体验，使人们的精神世界更加丰富和深邃。

---

① 蔡元培.蔡元培全集（第六卷）[M].上海：中华书局，1988：157.
② 蔡元培.蔡元培全集（第三卷）[M].上海：中华书局，1984：33.

蔡元培指出："美育者，应用美学之理论于教育，以陶养感情为目的者也。"①
美学是研究美的本质和美的原则的学科，它提供了一种关于美的认知和理解的框
架。将美学的理论应用于教育中，可以帮助人们培养对美的感知、理解和欣赏能
力。传统的教育过于注重知识和技能的传授，而忽视了学生内心世界的培养和价
值观的塑造。他主张教育应该是全面的，不仅要培养学生的智力和技能，更要关
注他们的情感、审美和道德修养。美育教育是培养人们的艺术修养，引导人们通
过艺术作品的启示和感受，去追求真、善、美的境界。蔡元培认为，真善美是人
类精神追求的高尚境界，它们体现了人类内心最崇高的价值和追求。通过美育使
他们在思想和行为上追求真理、善良和美好，形成积极向上的品质和素养。艺术
作品的创作和欣赏过程需要人们的想象力、创造力和表达能力。通过参与艺术创
作和欣赏活动，学会通过艺术表达自己的想法和情感，培养解决问题的能力和创
新精神。这种创造力和创新思维的培养对于个人的发展和社会的进步都具有重要
意义。

蔡元培作为现代教育家，始终关注公民和国民的培养。他认为，当整个社会
的人们都受到美育的熏陶和影响时，他们将具备一种凝聚力和向心力，对国家来
说至关重要。这种凝聚力和向心力能够推动国家的救亡事业，凝聚人心、提升民
族素质、促进国家的繁荣和发展。在蔡元培看来，"在社会则为公民，在国家则
为国民"，而国民素质的高低直接关乎国家的兴衰。他指出："至民国成立，改革
之目的已达，如病已医愈，不再有死亡之忧。则欲副爱国之名称，其精神不在提
倡革命，而在养成完全之人格。"这对现代思政教育来说，意味着不能仅限于传
授政治理论和道德规范，而应包括培养学生的审美能力和情感素养。通过美育，
学生能够学习如何欣赏美、追求美、创造美，不仅丰富了他们的精神生活，也有
助于提升其道德层次和人文素质。当全社会受到美育的熏陶时，可以形成强大的
凝聚力和向心力，有效地增强学生的国家意识和民族意识，促进社会的和谐与团
结。美育可以作为桥梁，连接个人的内在世界与外部社会，促进个人与社会的和

---

① 蔡元培.蔡元培全集（第五卷）[M].上海：中华书局，1988：508.

谐共生。

（二）王国维：以"无用之用"健全人格，深化教育价值追求

鸦片战争的失败给中国带来了沉重的打击，也激起了中国人民拯救民族的迫切需求。在这个动荡时期，王国维受到西方哲学美学思想的启发，开始反观中国的教育现状和社会现状。他深刻分析了国人追求实用和功利的价值倾向，以及由此带来的审美趣味的匮乏和精神空虚。王国维受康德审美思想的影响，认为审美是一种超越功利和利害关系的活动。他同时融合了道家哲学中的"无为"思想，特别重视艺术美的特殊作用，即"无用之用"。相对应的是"有用之用"，它指向满足当前感官欲望的即时需求，而"无用之用"则关注精神层面的满足。"无用之用"是作用于人的精神方面，因此它是无形的，但是它的作用是长久而深远的。"有用之用"即满足于当下的需求，常常是感官所能知觉到的，它是有形的但也是短暂的。目光短浅的人只知道"有用之用"，而不知道"无用之用"的妙处所在。王国维指出："世之君子，可谓知有用之用，而不知无用之用者矣。"[①]他的观点启示我们要超越短暂的感官需求，关注内在追求和精神修养。只有真正领悟了"无用之用"的奥妙，我们才能成为真正的君子，追求更深层次的人生意义。他认为，过于功利性的追求会忽视人的精神层面的需求，因此强调了非功利性的价值，并将之体现在他对美育的论述中。王国维不仅创造了美育的新术语，还运用现代学术思想对中国传统思想进行重新挖掘和阐释，具有很重要的现实意义。王国维的美育思想在中国近代美育史上的创新，是将美育和德智体三育相提并论。光绪三十二年（1906年），王国维写下《论教育之宗旨》一文，谓教育之宗旨在使人为完全人物，释完全之人物"为人之能力无不发达且调和是也"。他指出："人之能力分为内外二者：一曰身体之能力，一曰精神之能力。""精神之中分为三部：知力、感情及意志是也。对此三者而有真、善、美之理想：真者知力之理想，美者感情之理想，善者意志之理想也。完全之人物不可不具备真美善

---

① 王国维.《国学丛刊》序[M].//周锡山.王国维集（第二册），北京：中国社会科学出版社，2008：326.

之三德，欲达此理想，于是教育之事起。教育之事亦分为三部，智育、德育（即意志）、美育（即情育）是也……完全之教育，不可不备此三者。"①王国维所关注的国民精神问题可以说依然是我们现代社会所关注的热点话题。我们对关于宇宙和人生的终极问题的探索是永无止境的，我们通往审美世界的道路依然需要做出巨大的努力，而王国维美育思想中的一些重要理论给了我们很多启发②。

　　王国维认为，追求美育的价值在于其超越功利性的纯粹性和精神层面的满足，即"无用之用"。美育超越了实用和经济效益，旨在实现培养人的精神追求，在提升人的人格境界方面具有重要作用。在他看来，美育的价值不在于其实际功用，而在于它能够激发人们的内心情感，提升人的审美能力和品味，培养人的情感、思维和审美的修养。通过强调"无用之用"，王国维指出："美之为物使人忘一己之利害而入高尚纯洁之域，此最纯粹之快感也。"美的存在可以使人忘记自身的私利和功利，进入高尚纯洁的境界，体验到最纯粹的快感。通过接触和学习艺术作品、文学作品以及音乐等，人们可以培养自己对美的敏感度和欣赏能力。这种审美能力的培养可以让人们更加敏锐地察觉到美的存在，提高对于艺术作品的品味和欣赏水平，使人们的精神世界更加丰富和深邃。使个体能够在日常生活中更加敏锐地察觉到美的瞬间，使其对美的追求和欣赏成为一种内化的习惯和态度。在教育中应当重视培养学生的审美情操、情感体验和精神追求。美育作为一种非功利性的追求，能够使学生的人格得到全面的塑造和深化。它不仅仅是为了培养学生的专业技能和就业能力，更重要的是通过艺术、文学、音乐等形式，让学生感受美的力量，培养他们的审美情趣和品味，提高他们对生活的独特感悟和洞察力。

　　王国维的美育思想确实提供了对教育价值追求的深化和完善的启示。教育的价值应该超越短期的利益，注重培养学生的审美情操、情感体验和精神追求。王国维强调了"无用之用"的概念，即超越功利性的价值追求，认为美育作为一种非功利性的追求，能够培养学生的审美情趣和品味，提高他们对生活的独特感悟

①　罗国萍.中国近代美育的发展[J].学术研究，1996（6）：82.

②　陈晨.王国维美育思想研究[D].安徽师范大学，2020：45.

和洞察力。这种美的体验和追求可以激发学生内心的情感共鸣，提升他们的情感表达和情感体验能力。完全的教育需要兼顾学生的智力发展、道德品质的培养和审美情操的培养，综合性的教育目标能够使学生成为具备真善美三德的完全人格，实现个体的全面发展。在思政教育中融入王国维的美育观，可以促进学生在欣赏美、创造美的过程中培养高尚情操和独立人格，对建立和谐社会具有重要的作用。这种综合性教育包括智力发展和道德品质的培养，以及审美情操的培养。通过美育，学生可以超越个人利益，进入一种无私的精神境界，对于培养具有全球视野和社会责任感的公民至关重要。在思政教育中融入美育，可以帮助学生树立正确的价值观，培养他们对社会和环境的关怀，以及对于全球问题的深刻理解。

（三）梁启超：以"情感"之教育强化爱国主义精神内涵

梁启超是中国近代著名的思想家、教育家和政治家，他提出了许多关于国家建设和教育改革的理念。甲午战争中国战败后，清朝统治阶级内部代表资产阶级要求进行改良的知识分子认识到，进行政治改革是中国必将要走的道路。于是，康有为领导了"戊戌变法"运动，他的积极拥护者梁启超、谭嗣同等进一步发扬了维新派启发民智的思想，强调了教育的独特作用[①]。梁启超深入探讨了中国传统文化的价值，以及在现代社会如何传承和发展这些价值观，他认识到，只有致力于通过培养爱国主义情感，广泛传播先进学术思想，才能在民族团结、国家繁荣的道路上获得长远的稳定并实现"开民智"的目标。

梁启超对西学极为热衷，尤其是将康德评为"近世第一大哲"，并专注于研究康德哲学中的主体性精神。1900年，他在《惟心》一文中提出："境者心造也。一切物境皆虚幻，惟心所造之境为真实。"以及"天下岂有物境哉，但有心境而

---

① 夏滟洲."改造国民性"：梁启超美育思想在辛亥革命前后的延展[J]. 黄钟（武汉音乐学院学报），2011（4）：73.

已！"这种对"心"的重视[①]，正是对人的主观精神和主体性的强调。梁启超认为，康德哲学和美学的核心特征在于强调人的主体性，即"人为审美立法"[②]。从人的主体性角度出发，梁启超探讨了中华民族的生存之道，认为国民性是民族集体的共同特质和思维方式，它直接影响国家命运和社会进步。他认为中国国民性的不足是导致国家衰落和社会问题的一个重要因素。因此，他主张引入民主、自由、平等和博爱等西方价值观，以促进国民性的改造。这些价值观不仅能激发人们的爱国情感，还能培养公民意识和责任感，进而推动社会进步和民族振兴。梁启超通过创办《新民丛报》《清议报》等报刊，发表文章来宣传这些价值观，并提出了一系列关于教育目的和实施措施的论述，旨在引发社会对国民性问题的关注和讨论。他的"改造国民性"的观点在当时引起了广泛传播和响应，引发了对国民性问题的国内外高度关注。梁启超的观点对中国近代的社会变革和教育改革产生了深远影响，为塑造新中国的国家精神和价值观奠定了基础。

在学堂乐歌兴起的初始阶段，梁启超对改造国民性思想中音乐社会功能的表述，借助于现代媒介的宣传和西式教育形式的普及，催生了乐歌创作、音乐理论的发展与运用，初步奠定了学堂乐歌的表现内容与发展方向。[③]梁启超认识到艺术的独特作用和价值。他在文章中提到，"情感教育最大的利器，就是艺术：音乐美术文学这三件法宝，把'情感秘密'的钥匙都掌住了"[④]。这三种艺术形式视为开启人们情感秘密的钥匙，通过它们，人们可以更好地认识自己的情感，与他人分享情感，并培养对国家、社会和他人的情感连结。在辛亥革命后，梁启超先后撰写了《美术与生活》（1922年）、《趣味教育与教育趣味》（1922年）和《学问之趣味》（1922年）等文章。他提倡将科学化的美术和美术化的科学引入教育，在

---

① 郭勇.梁启超、王国维、蔡元培接受康德思想比较研究[J].中国中外文艺理论研究，2015（1）：145.

② 张玉能.西方美学通史（第四卷）[M].上海：上海文艺出版社，1999：19.

③ 夏滟洲."改造国民性"：梁启超美育思想在辛亥革命前后的延展[J].黄钟（中国.武汉音乐学院学报），2011（4）：74.

④ 梁启超.梁启超全集（第五卷）[M].北京：北京出版社，1999：3922.

《美术与科学》中，梁启超提及美育，"希望中国将来有'科学化的美术'，有'美术化的科学'"①。艺术和科学的结合能够使受教育者充分发挥自己的潜能，发挥各人最优长的本能，从而在社会中做出有效率的贡献，以达到培养全面发展的个体和有效服务社会的目的。由此可以看出，梁启超正是要借康德思想的人类主体性鼓动国民自立，实现改良社会的目标。因此，梁启超虽然没有直接接受康德的美学思想，但是对主体性的高扬，体现在他早年的文艺论文如《论小说与群治之关系》中。文艺作品正是要利用自己感动人心的力量，实现社会变革，这种功利主义美学观，是梁启超的一大特色。而晚年时他强调情感、个性与趣味，写下《情圣杜甫》《陶渊明》《美术与生活》《趣味教育与教育趣味》等文，同样可视为他对主体性的坚持，关注作品对社会的影响和个体的全面发展，既注重功利主义美学观下的社会效果，也强调个体主体性的培养和展现。

梁启超提出的教育理念强调知、情、意三个方面的协调发展，以智、仁、勇为教育目标，旨在培养全面成熟的个体②。其中，情感教育的重点是发展对国家、社会和他人的情感认同与忠诚，同时培养出关爱他人、责任感和公民意识等积极的情感特质。美育在这过程中扮演着重要的角色，提供了情感教育的有效表达和体验渠道，有助于个体在情感丰富和审美敏感方面的全面发展，实现智、仁、勇的完备。梁启超在《中国人对于世界文明之大责任》中指出，一个国民最重要的责任是发扬本国文化，并通过将本国文明的特质与个人特质结合③，创造出更优秀的特质。因此，将中华民族的美学精神融入个体的情感认同和情感联系中，对于培养具有积极情感态度和特质的个体至关重要，并使其在社会中发挥积极作用。在思政教育中融入美育，可以使学生通过艺术创作和欣赏来体验和表达情感。将对国家、社会和他人的情感认同与忠诚融入思政教育中，有助于学生形成正确的社会价值观和道德观，同时培养公民意识和责任感。结合讲述国家历史、文化传

---

① 梁启超.梁启超全集（第五卷）[M].北京：北京出版社，1999：3962.

② 谭好哲，刘彦顺.美育的意义：中国现代美育思想发展史论[M].北京：首都师范大学出版社，2006：242.

③ 梁启超.欧游的影录[M].北京：中华书局，1937：36.

承和社会发展等内容，以及运用艺术作品和文学作品的欣赏与创作，可以更有效地激发学生对国家和社会的情感认同。美育的过程不仅是审美能力的培养，也是个人情感和品格成长的重要阶段。通过艺术欣赏和创作，学生能够从多个角度观察和理解生活，培养出同理心、责任感和批判性思维。

三、西方关于美育文化融入国民教育的思想

（一）卢梭：自然主义美育观下人的可完善性

启蒙运动的思想产生了以人为目的的人本主义，其中包含对卢梭提出的人人具有"可完善性"的观念。这种人本主义具有明显的理想色彩，而康德哲学则是这种理想的启蒙人本主义的代表性阐述。费希对此进行了概括，称之为"第二自然性"，即通过人类自由意志发现并产生的和谐性，康德将其称为"目的之支配"。康德之所以这样说，是因为在这个由意志而非自然构成的"新世界"中，人终于被视为"目的"而非仅仅是手段。每个人都具有绝对尊严，不再仅用于实现所谓更高的目的[①]。卢梭认为，在自然状态下人类是平等的。在这种状态下，人们没有政治和社会的束缚，可以自由地生活在自然法则的支配下。这意味着没有人可以主张在道德和政治上比其他人更具特权或权威。每个人都在相同的自然条件下生存，享有相同的权利和机会，没有人可以强加于他人。人的绝对尊严意味着每个人都有独立思考和自主选择的能力，拥有自己独特的特质和潜能，具备实现自身完善的可能性。

在文艺美学的视野下，卢梭被认为是浪漫主义的先驱，被称为"浪漫主义之父"。他被视为第一个认为感情和情绪所得出的结论是真正可靠的重要作家。然而，在论文《论科学与艺术》中，卢梭鲜明地指出以艺术为代表的审美活动将会破坏国家的健全与共同体的风尚。他指出："艺术、文学以及科学，由于它们不

---

① [法]吕克·费希.人生难得是心安：另类西方哲学简史[M].孙智绮，林长杰，译.北京：北京大学出版社，2016：125.

那么专制因而也许更有力量，就把花冠点缀在束缚着人们的枷锁之上。它们窒息人们那种天生的自由情操，因为人是生而自由的；使他们喜爱自己被奴役的状态，并且使他们成为所谓的文明人。"①尽管卢梭对审美活动持有批评态度，但美学的幽灵在他的作品中无处不在，即使在《社会契约论》等文本中，他也难以回避美学或文化的问题。他曾表示，对于一个已经相当腐败的民族来说，小说可能是在其他教育手段都难以产生效果之后才采取的最后一个教育手段。根据德国美学批评家汉斯·罗伯特·耀斯的观点，卢梭在《新爱洛伊丝》和《漫步遐思录》中对待自然的态度被认为是一个重要的历史转折点，这个转折点预示着从哲学到美学功能的转变②。他对自然的态度标志着感受史的划时代转折，同样也预示了从哲学到美学的功能转变。在卢梭的时代，自然美开始承载曾经由宗教所担负的信仰功能，个体在面对自然时，克服了在社会中的异化状态，重新获得了人性的整体性。卢梭的审美感受是基于感性的理解：由于所有一切都是通过人的感官而进入头脑的，所以人的最初的理解是一种感性的理解。正是有了卢梭感性态度的投入，理智的理解才得以形成。所以说，我们最初的哲学老师就是我们的脚、我们的手和我们的眼睛③。在卢梭看来，对于审美的理解正是基于感官上"直觉"综合体现，也就是包含着理性思考过程的抽象理解。他将这种理解置于理性理解之上，宣称只有在人类意识到自身的自由和天赋的自然权利与创造力时才会走向超验的王国，而理性只是知识的普遍性原则。

卢梭的自然主义美育观旨在解放个体，使其摆脱社会的桎梏和异化，重新获得自由和平等的状态，通过与自然的亲密接触和感受，培养感性、直觉和自由意识，从而促进个人的成长和社会的进步。美育的核心是通过对自然和艺术的欣赏来激发个体的感性和情感，而卢梭则认为个体与自然的亲密接触和感受，这是个体恢复自由和平等状态的途径。这种自由与平等状态只存在于自然状态，是一种

---

① 范昀.审美实践与公民教育——论美育在卢梭思想中的地位[J].美育学刊，2011，2（4）：38.

② [德]汉斯·罗伯特·耀斯.审美经验与文学解释学[M].顾建光，顾静宇，张乐天，译.上海：上海译文出版社，1997：121.

③ [法]让−雅克·卢梭.爱弥儿[M].李平沤，译.北京：商务印书馆，1978：171.

"不发生意志上屈服的自由"，一旦人类进入到了社会，自由与平等就不复存在了。因此顺应儿童的"天性"自然发展能培养出理想的人，是因为每一个人都生而平等地具有一种"可完善性"，即"人终其一生持续完善自身的能力"①在面对自然时，个体可以超越社会的异化状态，重新获得人性的整体性，通过对自然美的体验，感受到自然法则的支配和人类共同的归属感，以及美的价值和高尚的情感。使个体更加敏感于社会中的不公和不平等，并激发他们为实现自然状态而积极行动的意愿。个体通过美育的培养，可以更好地理解自己的权利和义务，并为社会的公正与和谐做出贡献。他强调，个体在美育过程中不仅是被动接受美的影响，更重要的是通过主动地体验和感受美。从而弥合分裂的韧性，平衡感性与理性，实现自我完善和自由发展，并在社会中展现自己的独特贡献。

卢梭曾阐述："自然人为自己而活，他是一个自成一体的整体，依赖于自身和同伴。而作为公民，他好比分数中的分子，其价值由分母决定。"这句话凸显了审美教育应重视人的全面和谐发展，将理性或道德教化作为辅助，转向对个体感性培养和情感丰富的重视。美育实践能帮助个体超越社会异化，重建与自我和自然的和谐关系，促进内在潜能和整全性的发展。在现代社会中，这意味着美育在培养审美能力的同时，也成为了个体自我完善、批判社会弊端和追求诗意生活的途径。通过美的体验，个体能够超越传统思维模式，培养感性认识和直觉能力，并激发创造力，也代表着"美的体验"对社会创新和变革具有着重要的意义。这一点与现代思政教育的理念相契合，通过思政教育，学生能够超越社会偏见和异化，重新建立与自我和社会的和谐关系。因此，审美教育在思政教育中的重要性不容忽视，它不仅帮助学生更好地理解和应对现实社会的挑战，还鼓励他们追求更加美好和富有诗意的生活。

---

① [法]吕克·费希.人生难得是心安：另类西方哲学简史[M].孙智绮、林长杰，译.北京：北京大学出版社，2016：107.

（二）杜威：将经验的艺术融入民主的教育

教育的终极目标是促进人的发展，而非教育本身①。杜威基于自由和平等的民主理念，批判了美国虚伪的民主，并提倡"作为生活方式的民主"，强调生活上的民主比政治民主更为重要。他认为，个人不是孤立存在的，而是与社会紧密相连，个人与社会应和谐统一。同时，公民在享有自由时，也需要承担社会责任和义务②。杜威挑战传统教育理念，认为"公立学校创立于自由民主的精神"，理想的教育应消除阶级对立，培养有益于社会的公民，实现民主国家。他主张教育应反映社会需求，帮助学生适应社会发展，并通过教育改变和改善社会。教育应经验丰富、情境丰富，让学生在解决实际问题中获得经验和知识，形成批判性和创新性思维。在1896年发表的《心理学中的反射弧概念》一文中，杜威指出心理学分析常带有二元论特征，反对传统的冯特式刺激——反应研究方法。他认为具体的刺激和反应活动应被视为更广泛协调中的一部分③。这表明，学习和发展不仅仅是外部刺激的结果，还是一个整体的、相互关联的过程。实践和经验基础上的教育更符合学生的发展需求，将学习与生活经验结合起来，促进综合个体成长。人的心理活动与环境的互动和适应紧密相关，不能简单归结为刺激和反应之间的关系。杜威强调人的主动性和意义构建的重要性，认为个体通过与环境的互动和经验积累来构建自己的认知和理解。

在杜威看来，拥有了"整一的经验"的活动就已经具备了审美的特质。他认为，审美并不是通过无益的奢华或超验的想象从外部侵入到经验中，而是作为每一个正常的完整经验中的一个清晰而强烈的特征而存在④。在杜威的观点中，审美经验不是与现实脱节的虚构，而是源于我们对经验的感知和体验。当我们对某个

---

① 赵万祥.公平与参与：杜威教育观分析[J].国家教育行政学院学报，2014（11）：43.

② 孙妍.民主评判与自由个性的彰显——杜威民主观刍议[J].马克思主义哲学论丛，2018（2）：240.

③ [美]詹姆斯·坎贝尔.理解杜威：自然与协作的智慧[M].杨柳新，译.北京：北京人学出版社，2010：38.

④ [美]约翰·杜威.艺术即经验[M].高建平，译.北京：商务印书馆，2007：49.

经验有深切的感知，并从中获得强烈的情感共鸣时，这就构成了一种审美经验。杜威没有把审美经验仅局限于艺术或美学的领域，而是视其为每个人完整经验的一个组成部分。以"帕特农神庙"为例，杜威指出，神庙最初的建造并非为了艺术，而是出于生活的需要。它之所以在后来成为伟大的艺术作品，是因为其文化的内在连续性以及艺术与生活经验根深蒂固的联系。因此，杜威将生活经验与审美经验联系起来，认为审美经验是从生活情感中零散、稀松和中断的体验中变得更加强烈和丰富的一个清晰而强烈的发展过程。

　　杜威在其著作《教育中的艺术和艺术中的教育》中，将艺术活动与教育理论的经验发展紧密联系起来。他指出，艺术本质上是一种教育形式，同时教育也能够成为艺术的一种体现。为了发挥艺术在教育中的功能，必须实施与之相匹配的恰当教育方法。杜威不仅在理论上探索了教育问题，更是在19世纪末投身于教育实践，其中最著名的便是他于1896—1904年间创办的"杜威学校"，亦称为"实验学校"。在这所学校中，每个学期的课程计划都包含了比例很重的音乐、美术和造型活动，活动的开展并非按照固定教材或分科方式进行，而是采用一种综合且渗透的形式，其综合性的基础正是儿童完整生活的体验。儿童天生倾向于寻找"整体"，他们喜欢故事有开始、中继和结束，情节多变且富有生气，并且具有明显且易于理解的特点①。整体经验能够激发学生的好奇心和参与度，使他们能够更深入地理解和体验所学内容。在教育中，如同艺术一样，应该重视个性化。每个学生都是独特的个体，拥有不同的背景、兴趣和学习方式。教育者应当关注学生的个体差异，了解他们的需求和潜力，并据此制定个性化的教学计划。正如艺术家通过个性和独特视角来创作作品，教育者也应关注学生的个性来积累他们的学习经验。艺术作品能够引发情感共鸣，激发内心的感受和思考。同理，教育应该通过创造具有情感共鸣的学习环境，促使学生对学习产生深刻的感知和情感参与。教育者需要关注学生的情感需求，建立积极的情感联系，并激发他们关心社会问题、参与社会事务的意识。

---

① 　[美]约翰·杜威.民主主义与教育[M].王承绪，译.人民教育出版社，1990：62.

杜威的美学思想与他的民主教育理念共同形成了他的社会影响力。杜威的理论在广泛传播后，对于西方艺术教育领域来说，一个重要的问题逐渐浮现：如何改变长久以来艺术大师作为教学主导、学生作为被动接受者、大师的教条经验压制学生创造性经验的教学模式。特别是在20世纪下半叶，北美涌现出许多关于公共艺术教育和美育的教学实验和研究，其中一个主要关注点是教学过程中的"民主性"[①]。杜威民主主义的教育哲学理念认为学生应被视为教育过程中的主体，他们的个性和创造性应得到尊重和激发。这种思想远超传统的认知，表达了教育不仅要传授艺术技能，更要培养学生审美能力和创新思维的内容。美育不是高不可攀的艺术欣赏，而是每个人日常生活中的审美体验和情感表达。杜威的这一美育观点，促使现代美育更加注重学生个性的发展和创造力的激发，以及艺术与民主教育之间的密切联系，推动了美育向更加民主化、个性化的方向发展。

杜威的美育观念强调，教育不仅是知识的传授，更是个性的培养和创新能力的激发。现代思政教育在教学设计上更加注重学生的兴趣、需求和潜力，提供更多元化的教学内容和方法，以促进学生全面而均衡的发展。通过融入艺术教育，学生不仅能够学习审美和艺术技巧，还能够在艺术创作和欣赏的过程中，学习如何表达自己的观点、尊重他人的意见，以及如何通过艺术形式参与社会讨论和公共事务。这种教育方式有助于培养学生的批判性思维、独立性和责任感，这些都是现代民主社会所需要的重要素质。

四、经典作家关于美育与人类发展的思考

（一）马克思唯物历史观下劳动创造美

1846年，马克思、恩格斯在《德意志意识形态》中强调"我们仅仅知道一门唯一的科学，即历史科学"，将唯物史观确立为早期马克思主义美育观点的理论

---

① 徐承. 从人文教育到审美教育再到公共艺术教育——西方美育史的话语变迁[J]. 艺术百家，2019, 35（1）：42.

基础。随着思想深化，《资本论》问世前后，唯物史观成为马克思主义者研究与批判的一般性原则。马克思在《〈政治经济学批判〉序言》中强调："物质生活的生产方式制约整个社会生活、政治生活和精神生活的过程。"社会基本结构包括经济基础和上层建筑，其中经济基础是决定其他社会现象的基础。马克思认为社会存在决定社会意识，直接反对唯心主义的历史观，即历史是由人的意识推动的观点，其深刻影响了马克思主义美育思想，将审美、文化与经济基础紧密联系，为后来的美育理论奠定了坚实基础①。

马克思对艺术教育的重视源于他对艺术本质的深刻理解。在《政治经济学批判导言》中，他将艺术与理论、宗教、实践—精神活动并列为人类掌握世界的四种主要方式，认为艺术是历史地形成的、不可或缺的一种独特的世界掌握方式。艺术的方式是人对现实世界的审美反映，其独特性在于主体通过想象和幻想，结合客观外部世界和内部世界的材料，创造出一种假定性形式来表达自己的审美理想。因此，艺术活动不仅体现了人与自然、主体与客体的统一，也展现了人的精神力量和创造能力。

艺术作为社会上层建筑的一部分，并不仅仅是对经济基础的简单反映或复制。它以一种特殊的方式反映了社会的经济基础。从德国古典美学开始，西方美学的研究重心逐渐从认识论转向价值和功能的维度。现代西方的马克思主义者甚至放弃了美育的认识论维度，基于继承马克思的方法论，强调美育的社会变革价值和实现、判断价值的特性。从美育自身的内在关系出发，抓住其应有的特质，并总结历史进程中形成的内容。在这两个环节的关联下，从人的本质的对象化关系出发，使得本质逻辑最终成为客观事实，而不再是一个抽象概念。换句话说，要在具体的历史环境下考察人的生产和交往内容，对历史形成的社会领域变化进行论证，并在此过程中摆脱历史上的偶然性干扰。因此，要把握"美的本质"，首先需要把握人的本质，即通过劳动实现主观能动，改造世界和解放人类。

马克思主义美学基于劳动实践构成了马克思主义美学思想体系及哲学的基

---

① 杜立. 论马克思主义美学思想的哲学基础[J]. 中学政治教学参考, 2022（44）: 86.

础。《1844年经济学哲学手稿》中对人的类本质做了以下阐述："人是类存在物，不仅因为人在实践上和理论上都把类——他自身的类以及其他物的类——当作自己的对象；而且因为——这只是同一种事物的另一种说法——人把自身当作现有的、有生命的类来对待，因为人把自身当作普遍的因而也是自由的存在物来对待"①，"当人开始生产自己的生活资料，即迈出由他们的肉体组织所决定的这一步的时候，人本身就开始把自己和动物区分开来。"②生产自己所需要的生活资料，是人的生命特有的生存方式，会使人的"生命本性"发生变化③。在劳动过程中，人不仅发挥和提升了自身的各种能力，还体验到了劳动的乐趣和满足感，从而实现了自我价值的提升和人格的完善。《1844年经济学哲学手稿》中马克思提出："钢琴演奏者只是通过自己的劳动收入相交换……他（钢琴演奏者）的劳动是生产了某种东西；但他的劳动并不因此就是经济意义上的生产劳动"，创造了"美"，但没有创造剩余的经济价值，"美"是作为非生产性劳动④。这并不是说美与劳动无关，而是指美的形成不仅依赖于物质生产，更重要的是人的审美感受和想象力的作用。艺术家在创作过程中通过精神劳动和审美创造，赋予事物新的意象，从而使之具有美感。这过程进一步印证了马克思主义美育观中的观点："社会的一般生产品都具有天然的美育价值"。通过该视角我们可以更深刻地理解劳动创造美的过程，劳动者通过物质劳动创造出的产品不仅满足了人们的生活需求，而且具有审美价值。缘于这些产品是人的创造力的体现，是人与自然、人与人、人与自己关系的表现，它们蕴含了人的思想感情，反映了人的精神世界。

尽管马克思并未撰写专门针对美学的著作，但他的政治经济学观念和美学理念却以一种互为依托、相互牵连的方式，生动而深刻地阐述了人类与社会发展的课题。从劳动实践角度探析美的本质、美感形成，结合马克思主义理论观点与中国环境形成的实践美学理论，构成中国马克思主义美育的主要内容。美育依据人

① [德]马克思.1844年经济学哲学手稿[M].北京：人民出版社，2000：56.
② 马克思，恩格斯.马克思恩格斯文集[M].北京：人民出版社，2009：519.
③ 韩立新.人之"类"规定的意义——评高清海的"类哲学"[J].现代哲学，2020（3）：27.
④ 程远.马克思主义美育观与当代中国美育建设[D].北京交通大学，2018：53.

的精神存在，展现出人类是如何通过自身所特有的词语化和非词语化的社会意识，通过劳动过程中创造美的能力，培育人的审美情感与审美能力，从而实现个体的全面发展。现代美育理念鼓励将创造性劳动融入教育体系，促使学生在实践活动中体验美、创造美。此外，该理念倡导对现代社会问题的批判性思考，通过美育引导人们追求更加和谐的社会关系和环境，促进个体的自由全面发展。马克思注重审美实践的育人功能，将全面发展观为美育提供了目标方向，为现代美育在思政教育中的实践提供了丰富的理论支持和指导。

（二）基于人的全面发展下美育的实现

马克思在给临时总委员会的日内瓦会议代表的信中，对教育的理解涉及智育、体育和技术教育三个方面。有观点认为，马克思和恩格斯的教育观似乎未涵盖审美教育。然而，深入研究他们的整体思想体系、美学和艺术理论可以发现，马克思主义实际上为审美教育提供了坚实的理论基础，并提出了新颖的审美教育理念。1984年，《美学专题选讲汇编》中聂振斌的《关于美育》文章首次使用了"马克思主义美育"这一专有名称。到1990年5月，蒋冰海先生在《美育学导论》上发表的《马克思主义美育思想》一文，首次系统阐释了马克思主义美育。1995年，董学文教授的《谈谈马克思的美育》一文正式提出了"马克思主义美育观"这一称谓[①]。马克思强调个体在智力、体育和技能方面的平衡与全面发展，他对全面性的追求超越了物质层面的满足，扩展至个体的思维能力、创造力和社会责任感等多方面的全方位发展。他认可人作为能动的自然存在物，提出了"个人的全面性"概念，将其定义为"现实关系和观念关系的全面性"，揭示了人的全面发展的现实和社会基础，以及观念意识条件[②]。马克思主义的这一观点为审美教育提供了理论支持，展示了个人发展的多维性和深层次价值。他认为，人不是孤立存在的个体，而是在社会关系中发展。个体需通过劳动和实践与自然界交互，从

---

① 程远. 马克思主义美育观与当代中国美育建设[D]. 北京交通大学，2018：4.

② 杜卫. 马克思主义关于人的全面发展学说与美育问题[J]. 宝鸡师院学报（哲学社会科学版），1991（3）：45.

而把握自然的尺度。马克思曾描述，"直接地将社会必要劳动缩减到最低限度时，相应地，由于为所有人腾出了时间和创造了条件，个人便能在艺术、科学等领域得到发展。"①艺术与科学是在"自由时间"下的"自由活动"，同时，人类应通过协调物质生产与精神生产，为个体的全面发展创造条件。在《1844年经济学哲学手稿》中，马克思将人的本质与美的根源联系起来进行分析，认为人作为客观存在物，拥有主观能动性，能够通过劳动实践改变自然②。"美的产品"被划分为一般社会产品和艺术产品，人类劳动所创造的生产品，即采用以美的本质进行创造的手段，以实现其后续的传承。

马克思和恩格斯在教育领域的讨论中，详细阐述了审美教育在塑造全面发展的人的方面所承担的任务和目标。他们认为，审美能力的培养和发展是人的全面发展的自然结果，人通过感知和体验外界事物的美感，进而培育和提升自己的审美能力。美育是一种教育方式，旨在引导人们进行自由创造性活动，在这个过程中③，人与对象之间建立起审美关系，从而内化生成创造人与自然、个体与社会协调关系的动力、能力和自觉意识。这种思维方式是人类通过学习、应用和传播美的规律所形成的，体现了马克思主义美育观中的审美维度。此维度是精神世界内化生产的重要方面。马克思所提出的"劳动创造美"，不仅在生产活动中具有重要意义，还在文化的育化与传承方面发挥着关键作用。人的全面发展强调了社会实践的重要性，人们通过外化自己的内在需求、社会关系、能力和个性等本质力量，在这个过程中，他们实现了自我完善和发展④。

审美教育在没有剥削的社会中，对于实现教育权利的平等具有至关重要的作用。它使得个体不仅能够树立正确的世界观、人生观和价值观，而且还能培养批

① 马克思，恩格斯.马克思恩格斯全集（第46卷）下[M].北京：人民出版社，1980：218—219.

② 孙雨泽.探析《手稿》对中国美学研究的重要意义[J].美与时代（城市版），2015（2）：135.

③ 杜卫.马克思主义关于人的全面发展学说与美育问题[J].宝鸡师院学报（哲学社会科学版），1991（3）：46.

④ 许明月，孔军.马克思主义教育哲学视角下"大思政课"的价值、本质与实现路径[J].北京联合大学学报，2023，37（2）：19.

判性思维和强烈的社会责任感，使得他们能够积极参与社会实践，为社会的发展做出重要贡献。审美教育的目的不仅是传授知识，更重要的是引导个体自由成长。它超越了仅限于培养艺术家的狭隘框架，致力于塑造一代具有敏锐审美感知、高尚品味、道德修养和丰富知识的新人。审美教育强调学生的主动参与，通过文化理解、审美感知、艺术表达和创意实践等核心素养的培养，提升他们的文化艺术素养，引导学生形成个性化的艺术特长。这种教育不限于美学理论，更注重艺术的实践应用，通过文学艺术的交流来丰富人际关系，使学生能够在理想的艺术境界中展现自我本质。通过掌握美的规律，人们开始反思和重新审视审美观念的根源和价值，认识到一切生产物都是人类自我完善的手段，强调了审美能力对客观事物的重要性。随之而来的是，通过反思，进一步推动审美观念的转变和审美价值的重构，让个人能够追求真正的艺术和美的表达，而不仅仅是迎合商业需求和市场趋势。

马克思的审美态度超越了物质生产的单一视角，主张审美生存是实现个体与社会和谐的关键。他认为审美不仅仅是纯粹的感知，而是与人的生存、发展和自由紧密相连。在马克思和恩格斯的理论中，他们提出美育的终极目标是"人的解放和全面发展"，与席勒的"审美的人"概念有深刻的关联。他们主张，人们应该成为"审美的人"，即那些能够艺术性地把握世界，看到生活中的美好与和谐的人。受马克思主义人学理论指导的当代美育，旨在提升人们的审美能力，使之跨越现代性的种种挑战，最终成为真正的"审美的人"。这种审美教育不仅仅是欣赏自然美或艺术品，更是一种生活态度和方法，让人们学会在日常生活中发现美、感悟美，从而实现个体与社会的和谐共生。这种美育不仅转化为对艺术的欣赏，更扩展为生活的审美化，使得个体在日常生活中也能体验和创造美，实现自我和社会的全面和谐发展。

五、新中国关于美育融入思政教育的理论与实践

（一）新中国面向广大群众的"文艺教育思想"

在新中国成立之前，中国经历了近一个世纪的封建社会以及半殖民地半封建社会的压迫和剥削。这一时期，中国文化面临着西方列强侵略和帝国主义思潮的严重挑战与扭曲。新中国成立后，中国共产党强调发展以马克思主义为指导的社会主义文化，倡导反对封建主义、帝国主义和资本主义的文化，并重视传统文化的传承与发展，不仅指明了当时百废待兴的中国社会发展的方向，而且在教育领域产生了深远影响。毛泽东对于"文艺教育思想"的阐发，尤其是《在延安文艺座谈会上的讲话》等关于中国文艺、教育方面的重要论述，成为了该时期教育思想（包括美育思想）的主要论题[1]。

毛泽东对美育与文艺思想的研究始终未曾停歇。早在1919年7月，他便发起组织了"健学会"，专注于探讨伦理学、文学和美学等问题。1938年10月，毛泽东在《学习》杂志上明确指出了"使马克思主义在中国具体化"的必要性，并提倡形成"新鲜活泼的、为中国老百姓所喜闻乐见的中国作风和中国气派"[2]。到了1949年，中国新民主主义文化的概念已经明确地被纳入中国人民政协的共同纲领，具体化为新中国文化教育事业的各项政策，尤其是《中国人民政治协商会议共同纲领》中有四条直接涉及到"美育"[3]。尽管这些条款并未显式提及美育，它们却强调了审美教育的普及，面向所有公民，特别是受教育程度较低的工农兵大众[4]。毛泽东将文艺定位为具有革命性和政治性的工具，旨在为革命事业服务，并通过艺术形式宣传党的政治主张和政策。他强调文艺作品应持有鲜明的阶级立场

---

① 曾繁仁，祁海文，刘彦顺.中国美育思想通史（当代卷）[M].济南：山东人民出版社，2017：305.

② 王春光.毛泽东文艺美育思想浅探[J].今日海南，2007（6）：38.

③ 华东师范大学教育系教育学教研室.教育学参考资料[M].北京：人民教育出版社，1984：1—2.

④ 《陆定一文集》编辑组.陆定一文集[M].北京：人民出版社，1992：416—422.

和政治倾向，批判封建主义和资本主义的旧文化，推动社会主义文化的建设。同时，他主张文艺要紧密结合实际社会生活，反对空洞的理论和脱离实际的艺术形式，鼓励文艺家深入社会实践，走进农村和工厂，体验人民的生活，从而在实践中汲取创作的灵感和素材。毛泽东深信艺术的感染力和亲和力能够触动人心，激发大众对社会变革的支持和积极参与，进而形成强大的革命力量。他还认为，传统文化中蕴含着封建主义和资本主义的意识形态，因此有必要通过美学方式来创造和宣传符合共产主义理念的新文化观念。毛泽东希望通过美学作品的创作和传播，引导人们形成符合社会主义价值观的审美取向和文化观念。

时任中华全国文学艺术界联合会副主席的周扬，作为中共中央宣传文化教育事业的主要负责人，负责制定与阐释党的有关政策，尤其是宣传与阐发毛泽东关于文艺路线与政策的思想。因而，他在诸多关于文艺、文化、教育、宣传的全国性会议上的讲话、演讲中，频繁地以文艺的"教育"这一术语或概念来表述其美育思想，其中文艺为共产主义思想教育服务是其美育思想的根本，而普及与提高则着重解决的是共产主义思想教育的对象如何受教育的问题[①]。文艺思想强调文艺要关注人民群众的现实生活和追求，体现他们的利益和意愿，其目的是为了推动共产主义事业的实现，使人民群众在社会主义建设中发挥积极的作用。他强调文艺要与人民相结合，深入人民群众，了解他们的需求和心声，以此为创作的基础。抗战时期，安徽地区的多个地方剧种都相继创作了反映抗战现实的剧目，如皖东地区的洪山戏，为了动员广大民众参与抗战，创作了当时家喻户晓的《保家卫国》等剧目。新中国成立后，党在戏曲领域所推行的一系列方针政策，使得红色题材剧目得到了蓬勃发展。1951年，中央人民政府政务院发布《关于戏曲改革工作的指示》中明确提出戏曲应以发扬人民新的爱国主义精神和人民在革命斗争与生产劳动中的英雄主义为首要任务。这种现实主义的审美追求体现了对真实性和客观性的追求，强调通过揭示社会现实来引发观众的思考和反思。通过塑造革命英雄形象，展现了他们在革命斗争中的英勇和牺牲精神。这种英雄主义的审美

---

① 周扬.全国文联半年来工作概况及今年工作任务——周扬在全国文联四届扩大常委会议上的报告[N].人民日报，1950-02-13（3）.

追求体现了对革命者的崇拜和赞美，以及对实现共产主义事业而奋斗的个人和集体的歌颂。

毛泽东在1957年6月提出的社会主义全面发展的教育方针中，强调了德育、智育、体育三个方面的发展，要求受教育者成为有社会主义觉悟和文化素养的劳动者。尽管在此方针中并没有明确提及美育，也没有直接涉及审美教育或艺术教育，但在具体的教学内容安排上，尤其是普通中学的教学计划中，提到了体育、音乐、绘画等学科应该列入教学计划，以实现全面发展的任务，表明了尽管在方针中没有明确提及美育，但对于音乐教学和绘画课程的功能和作用有专门的阐述。这可以理解为在实施教育方针时，对美育的重要性和必要性进行了认识和体现。因此，在新中国成立初期，面向广大群众的文艺教育思想和美育思想在推动社会主义建设和共产主义事业中发挥了重要的作用，为建设具有深厚文化的社会主义国家打下坚实基础。

（二）改革开放新时期美育与思政教育的共生境界

在中国改革开放初期，社会面临了经济转型和现代化建设的巨大挑战。思想政治教育的不足成为阻碍社会发展的因素，无法满足改革的需求。为了适应经济发展的需要，培养更具创新精神和实践能力的人才，思想政治教育改革成为了重要的举措之一。邓小平的思想政治教育思想主要强调的是实事求是、解放思想和全面发展的重要性。他认为，在社会主义社会中，必须坚持马克思主义的指导，同时也要结合中国的实际情况，鼓励人们勇于思考、探索和创新。邓小平重视文艺工作在思想政治教育中的作用，认为文艺不仅要反映社会主义的现实，还要促进人民群众的思想进步和精神文明的提升。他明确指出："我们要在建设高度物质文明的同时，提高全民族的科学文化水平，发展高尚的丰富多彩的文化生活，建设高度的社会主义精神文明。"[1]他倡导文艺工作者要有理想、有道德、有知识和有体力，同时也要关注军事、技术和科学领域的人才培养。他反对将政治标准置于首位，提倡文艺既要服务于人民和社会主义，又要鼓励创新和多样性。文艺

---

① 邓小平.邓小平文选（第2卷）[M].人民出版社，1994：208.

作品应涵盖多种风格和题材，深入生活，反映时代，不仅呈现英雄人物的业绩，还应包括普通人的日常生活。邓小平的文艺思想既继承了毛泽东的观点，又强调务实与创新的结合。在文艺与政治的关系上，主张在保持文艺与政治相结合的同时，用辩证的方法来评价文艺价值，反对"唯政治论"。因此，邓小平的文艺观，深刻地融合了艺术教育与思想政治教育的内涵，构筑了一种融合人文关怀与思想引导的全面教育理念。具体体现在以下三个核心方面：政治与艺术的结合、解放思想与实事求的实现、德育与美育融合。

首先，政治与艺术的结合。邓小平关于政治与艺术的结合以及对文艺工作的指导思想，充分体现了美育与思想政治教育融合的特点，如社会影响、价值观传达、党的领导与创作自由度的平衡等方面。邓小平指出，任何进步的、革命的文艺工作者都不能不考虑作品的社会影响，不能不考虑人民的利益、国家的利益、党的利益[①]。强调艺术创作不能脱离社会背景，文艺不仅是审美活动，也是传达政治教育的重要途径。在邓小平看来，艺术创作不应仅仅关注艺术形式和技巧，而应深入到政治思想的表达上。这就意味着美育不仅仅是为了提供审美的享受，更是通过艺术的形式培养人们对社会主义核心价值的理解和认同，使其在审美体验中逐步形成对公平、正义、社会责任等概念的深刻理解。邓小平在主张文艺创作应遵循一定的政治方向的同时，也强调艺术应有一定的自由度。他在《在中国文学艺术工作者第四次代表大会上的祝词》提出，党的领导在文艺工作中不是发号施令，而是根据文艺自身特点和发展规律，帮助文艺工作者创作出既符合时代精神又具艺术水准的作品。总的来说，邓小平论文艺的核心思想是，文艺既要服务于社会主义事业，又要充分发挥艺术本身的创造性和审美价值，实现政治与艺术的有机结合。他倡导的政治方向并非对艺术的束缚，而是通过正确的引导，使艺术更好地服务社会主义事业。在党的领导下，艺术创作者有更多的空间去创造出与时代精神相契合、具有艺术水准的作品，为美育和思想政治教育的融合提供了有益的思考。

---

① 邓小平.邓小平论文艺[M].人民文学出版社，1989：108.

其次，解放思想与实事求的实现。从实践是检验真理的唯一标准到生产力标准，再到社会主义市场经济体制和"一国两制"，一直贯穿着"解放思想、实事求是、与时俱进"这一马克思主义的活的灵魂。邓小平的理念在美育与思想政治教育的融合中则是展现了对学生综合素养培养的追求，强调培养创新思维与理性思考，为社会主义核心价值观的传承提供了理念基础。邓小平指出文艺工作要服从社会主义建设大局，成为时代精神的反映，符合社会主义核心价值观，同时贴近人民群众的审美需求。他鼓励艺术家深入现实，创作富有深度和广度的作品，认为文艺作品需要有理想、有道德、有知识、有体力，同时还要讲究艺术表现形式，注重社会效果和艺术水平。这不仅要求文艺工作者对现实生活有深刻洞察，还要求他们在艺术创作上不断创新，不满足于形式的单一和刻板，努力探索多样化的表现手法，以满足人民日益增长的精神文化需求①。

最后，德育与美育融合。邓小平同志在教育思想中明确提出的"德智体全面发展"需要将政治方向置于首要位置②，彰显了思想政治教育在德育中的关键地位。邓小平的德育思想是他理论体系的重要组成部分，着重于塑造崇高的品格和社会主义认同感。在文化建设方面，邓小平强调通过艺术作品，培养观众的审美情感的同时，通过情节、人物塑造等方式，传递正面的道德教育，引导他们培养热爱美、追求美、创造美的习惯，强调美育与德育的相互融合和相互渗透。提升美的教育和文化的重要性，主张通过美育来陶冶人的品格和提升民族文化素质，更要重视内在情感的交流和人文艺术的融入，目的是培养坚定的政治信念、正确的价值观，以及科学的世界观③。通过这些教育，邓小平旨在构建清晰的思想认识，树立辩证科学的思维，矫正价值取向，培育出既有深厚文化道德素养又具备科学思维的现代人才。

邓小平将思政教育作为核心，推动了中国教育体制的深刻变革。他在文艺领

---

① 时啸鸽. 邓小平对毛泽东文艺思想的继承与发展[J]. 邓小平研究，2022（3）：68.

② 徐忠. 论德育在邓小平教育思想中的地位[J]. 安顺师范高等专科学校学报（综合版），2005（3）：2.

③ 程晋富. 论邓小平理论的思想政治教育资源与功能[J]. 教育与职业，2006（23）：75.

域的理念强调政治与艺术的有机结合，弘扬社会主义核心价值观。通过实事求是、解放思想的理念，助力培养创新思维和社会责任感。德育和美育不是孤立的，而是相互渗透、相互强化的。通过融合美育，思政教育可以更全面地培养学生的道德感、审美情感和创造力，通过艺术作品的创作和欣赏，学生可以在感受美的同时，理解和内化社会主义价值观。美育与思想政治教育在邓小平理论中相辅相成，塑造了既具有深厚文化素养又富有科学思维的现代人才，为中国社会主义教育的繁荣发展奠定了坚实基础。

（三）新时代美育融入思政教育的理论与实践

新时代美育融入思政教育的理论与实践植根于对中华传统文化深刻理解和对现代社会创新思考。自党的十八大以来，习近平总书记强调在新时代传承和弘扬中华美学精神，提出"举精神之旗、立精神支柱、建精神家园"的目标[①]。习近平总书记认为美育不仅是文化精神建设的关键，也是社会主义市场经济条件下文艺和美学发展的要素。总书记深入阐释马克思主义美学思想，将其融入中国特色社会主义文化建设，确立了以人民为中心的文化发展理念。此外，习近平总书记对思想政治教育的深度关注，为新时代美育教育注入了创新活力，不仅强化了文化自信和中华美育精神的传承，还成为推动当代文艺审美和教育美育工作的重要思想源泉。

首先，坚持立德树人，注重道德与综合素养。在新时代背景下，习近平总书记强调了美育教育的重要性，并将其视为培养全面发展的社会主义建设者和接班人的核心任务。这一观点不仅契合了党的十九大对教育目的的明确指向，即坚持立德树人[②]，而且深入阐述了审美教育在道德品质和全面素养塑造方面的关键作用。习近平总书记的"以美育人、以美化人、以美培元"的论述，为美育融入思

---

① 习近平.论党的宣传思想工作[M].北京：中央文献出版社，2020：97.

② 中华人民共和国教育部.教育部关于推进学校艺术教育 发展的若干意见[EB/OL].（2014-01-10）[2023-01-14]. http://www.Moe.gov.cn/srcsite/A17/moe_794/moe_795/ 201401/ t20140114_163173.html.t

政教育提供了坚实的理论基础。在这一理论指导下，审美教育的任务不仅是传授文化知识，更重要的是培养学生的审美和人文素养，以实现德、智、体、美、劳各方面的和谐发展和均衡提升。这种教育方式强调不仅要关注学生的艺术修养，更要注重道德教化和价值引领，与思政教育的核心目标高度一致。通过审美教育，可以引导学生树立坚定的理想信念和正确的审美观念，陶冶高尚的道德情操，练就卓越的专业能力。同时，提升学生的审美观和艺术涵养，不仅丰富了他们的情感体验和精神境界，还强化了对社会主义核心价值观的传承和宣传。通过喜闻乐见的艺术形式，可以有效地宣传党的文艺工作思想，引领健康向上的社会价值理念和审美风潮。在审美教育的过程中，学生不仅形成积极的道德品质，还能够深刻认同社会主义核心价值观，从而更好地为社会和国家做出贡献。这种教育方式的改变使得审美教育不再仅限于个体的艺术修养，而是能够更广泛地服务于社会建设和精神文化建设的大局，体现了审美教育在思政教育中的深远意义。

其次，融合中华美育精神，传承优秀传统文化。习近平总书记在纪念孔子诞辰的国际学术研讨会上强调了中华美育精神的重要性，特别是在传承优秀传统文化和融合社会主义先进文化方面的作用。他提出，全社会需要加强对中国优秀传统文化美育内涵、功能、精神和价值的宣传与教育①。通过深入挖掘传统文化的核心价值并将其创造性地转化和发展，这种做法不仅有助于在学生心中培养正确的世界观和人生观，而且实现了文化的创新性发展。习近平总书记的讲话揭示了将传统文化融入思政教育的战略意义，不仅仅在于传承文化，更重要的是引导学生形成正确的思想观念。此外，中华传统价值观，如"和合共生"②和"达则兼济天下"③，在构建人类命运共同体的大背景下，与思想、艺术与道德的融合息息相

---

① 王悦心.习近平总书记关于美育重要论述的传统文化基因[J].宁夏大学学报（人文社会科学版），2023，45（05）：151—156+203.

② 吕琳，李墨.美育融入新时代高等教育全过程机制探析[J].天津美术学院学报，2021（02）：85—87.

③ 李墨，师林.习近平总书记美育重要论述的价值内涵[J].天津美术学院学报，2019（03）：89—91.

关。通过艺术教育融入品德修养，例如儒家的礼乐教化和德性修炼，道家的空灵放达，使传统文化的审美观与道德观在学生心中形成统一体。习近平总书记所提倡的思想核心，侧重于道德修养和品格塑造，与传统美育的宗旨互为补充，共同指导着全面发展的社会主义建设者的培养。中华美育精神所强调的，是在人文情怀下培养审美鉴赏能力与个人品德。这不仅丰富了现代审美体验，也激励学生深刻理解并实践社会主义核心价值观，突显了美育在当代教育中的重要角色。艺术教育因此超越了单纯的技能传授，成为引导学生探索人生智慧与境界的重要途径，实现了培养正确人生观和价值观的目标。融合不仅促进了传统文化的传承和发展，也推动了社会主义先进文化的创新和进步，形成了融合思想政治观念的美育培养体系。

最后，融入社会主义市场经济，弘扬美育精神。在适应社会主义市场经济条件下，需要融入文艺观、美学观和美育教育观，以充分发挥其在社会建设和个人发展中的关键作用。习近平总书记指出，随着社会经济的发展，人民对精神文化生活的需求日益增长。从辩证唯物主义的视角来看，物质需求与精神文化需求不是对立的，而是现代化建设"一体两面"的两个方面，它们相互作用，互为表里。在新时代社会主义市场经济不断深化的条件下，文化市场对文艺类资源的配置发挥着决定性作用。社会主义市场经济的发展为美育教育提供了更为丰富和广泛的发展空间，使之成为艺术追求与社会、经济相互交融的重要组成部分。同时，习近平总书记强调，面对当前社会中的拜金主义和其他不良现象，文艺创作不应在市场经济的浪潮中迷失方向。将美育和思想政治教育融入文艺创作，可以为艺术家提供指引，使他们的关注点转移到满足人民的精神需求和社会价值上。这样的融合在创作中更加注重社会责任和公共利益，为提升文艺作品的品位和格调提供了方向①。新时代的艺术创作应致力于探索具有中国特色、时代精神和民族风貌的艺术表现形式，既展现中国文化的独特魅力，又展示社会主义文化的进步意义，从而更好地培养和提升全民族的文化素养，并促进社会主义精神文明和物

---

① 中共中央宣传部.习近平总书记系列重要讲话读本[M].北京：人民出版社，学习出版社，2016：199.

质文明的协调发展。

习近平总书记在美育领域强调中华传统文化的传承与发展，同时注重其与社会主义核心价值观的有机融合，以适应社会主义市场经济的需求。他着重指出美育对于培育全面发展的社会主义建设者的重要性，将审美教育纳入思想政治教育体系，倡导通过立德树人和传统文化的融合，引导青少年树立正确的道德观和审美观。此外，习近平总书记对思政教育的重视，为美育的发展提供了强有力的支撑，强调通过创新教学方法，如实践生态文明理念，实现思政与美育的紧密结合。这些创新理念不仅阐释了美育在新时代的价值与使命，也为培养德智体美劳全面发展的社会主义接班人提供了理论指导。

第五章

非遗美育文化融入高校思政教育的基本情况
——基于Z市的调查分析

如前所述，我国丰富多彩的非物质文化遗产具有非常重要的美育价值。将非遗美育文化融入高校思政教育对于促进学生全面发展，提高人才培养质量具有重要意义。近年来，我国一些高校积极探索将非遗美育文化融入高校思政教育的路径，并取得一定成果。为全面系统了解当前非遗美育文化融入高校思政教育的基本情况，著者在湖南省张家界市进行调查。调查分为问卷调查和现场访谈两部分。通过调查，较好地掌握了当前非遗美育文化融入高校思政教育的基本情况。

一、问卷调查情况及分析

（一）调查的目的与方法

1.调查的目的

为了更好地掌握非遗美育文化融入高校思政教育的发展现状，通过调查研究，了解大学生对非遗美育文化融入高校思政教育认识状况、相关非遗文化的学习情况以及利用到课堂上的态度，并归纳整理调查结果，以此为基础，为后期研究的深入和实践教学提供依据。

2.调查的方法

本次调查研究以问卷法为主，采取线下问卷收集与网络问卷收集相结合的方式。其中线下收集200份，有效问卷为181份；线上收集163份，有效问卷为163份。问卷的有效率约为95%。

（二）问卷内容的设计

问卷共分17道选择题，其中前10道为单选题，后7道为多选题（问卷内容详情请见附录），问卷详细问题见表5-1。主要调查学生对非遗文化了解现状、对非遗文化进入思政课堂的态度和发展趋势的看法以及学生对非遗文化的热爱程度。

表5-1　调查问卷问题设计

序　号	问　题
1	您的性别是？
2	您的年级是？
3	您的专业是？
4	您的成长环境是？
5	您认为在高校思政教育中融入非遗美育文化有必要吗？
6	您对非遗美育文化进入高校思想政治教育的态度如何？
7	您认为非遗美育文化能否融入高校的思政教育？
8	在您的学习过程中，思政教师是否将非遗美育文化融入课堂内容？
9	如果学校开设非遗美育文化的相关课程，您是否愿意参加？
10	您所在学校对非遗美育文化融入高校思政教育中的效果如何？
11	您是从以下哪些途径获取非遗美育文化知识的？（多选）
12	您认为高校的思政教育对您的学习生活有哪些影响？（多选）
13	您认为非遗美育文化对我们有什么帮助？（多选）
14	您认为高校应该以什么样的方式宣传、教育学生进行非遗美育文化的学习？（多选）
15	您认为校园的哪些活动对于您了解和学习非遗美育文化更有效？（多选）
16	您认为非遗美育文化融入高校思政教育存在的问题（多选）
17	您认为非遗美育文化如何融入高校思政教育中？（多选）

（三）问卷调查结果分析

在对收集到的调查问卷分析的过程中，我们可以发现非遗美育文化融入高校思政教育的过程中存在着一些积极的方面，比如，学生对非遗文化有比较强烈的学习意愿，认同非遗美育文化融入思政教育的重要性，也相信融入了非遗美育文化的思政课堂会对自己的人生观、价值观产生积极的影响，但是其中也存在着一些较为消极的方面，例如，思政教师较少将非遗美育文化融入课堂内容，非遗美育文化融入高校思政教育中的效果较为一般，学生获得非遗美育文化的途径较少等。接下来著者结合调查问卷，分析非遗美育文化融入思政教育的有利方面与不利方面，以及从中得到的启示。

1.非遗美育文化融入思政教育的有利因素

（1）学生对非遗文化有比较强烈的学习意愿

近年来，随着社会的发展和教育的进步，越来越多的学生对非遗文化表现出比较强烈的学习意愿。这种学习意愿的增强可以归因于以下几个方面。

首先，非遗文化的独特魅力和丰富内涵是吸引学生学习的主要原因之一。非遗文化指的是中国传统的非物质文化遗产，包括传统技艺、手工艺、音乐舞蹈、戏曲表演等。这些传承千年的文化形式与现代社会的快节奏和快消费相比，散发着独特的韵味和深厚的文化底蕴。学生通过学习和了解非遗文化，不仅能够感受到其中蕴含的艺术美感，还能够了解到传统文化的智慧和价值观念，从而唤起对传统文化的热爱和学习的渴望。

其次，非遗文化的传承和保护意义引发了学生的关注和学习意愿。随着现代化的进程，许多非遗文化正面临着消失和丧失的困境。学生对于这一现象的关注，使得他们意识到了非遗文化的宝贵性和珍贵性。他们希望通过学习非遗文化，为其传承和保护做出自己的努力，以保护和传承非遗文化。

此外，非遗文化的学习也有助于学生的个人成长和发展。非遗文化所包含的技艺和技能，不仅可以培养学生的动手能力和审美能力，还能培养学生的团队合作精神和创造力。例如，学习曲艺表演需要学生在团队中协作演出，培养他们的沟通和合作能力；学习传统手工艺需要学生动手操作和进行创作，培养他们的实践能力和创新思维。通过非遗文化的学习，学生可以在实践中不断培养自己的能力，提高综合素质，这也是学生对非遗文化学习的积极动力。

另外，非遗文化学习的多元方式和丰富的实践活动也吸引了学生的兴趣。非遗文化的学习不局限于传统的课堂教学，还包括参观非遗艺术展览、实践体验、文化交流等多种形式，这为学生提供了更加综合和深入的学习机会。学生可以在实践中亲身感受到非遗文化的魅力，参与其中，与传统文化进行互动和对话，从而培养对非遗文化的深入理解和热爱。

结合问卷调查结果我们可以了解到，当被问到"如果学校开设非遗美育文化的相关课程，您是否愿意参加？"时，87%的学生是愿意走进课堂去学习非遗文化（见图5-1），说明学生对非遗文化有着正确的认识，了解到非遗文化的重要性，也想多了解一些非遗文化知识。

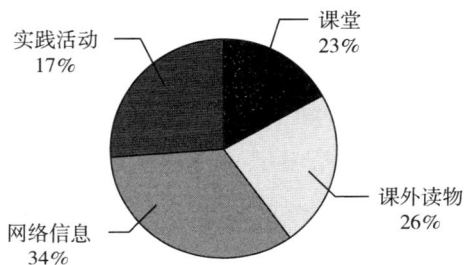

图5-1 问题9调查情况

学校和教育机构可以积极响应学生的学习意愿，在课程设置和活动安排上增加非遗文化的内容，可以组织非遗项目的观摩和实践活动，邀请非遗传承人来校园进行授课和交流，或者安排学生参观非遗展览和演出。这样的学习体验不仅能够让学生近距离感受非遗的魅力，还能够激发他们对传统文化的浓厚兴趣，激发他们的学习热情和积极性。此外，学生对非遗文化的学习意愿也可以通过社会活动和自主学习来实现。学校可以组织社团或兴趣小组，让有兴趣的学生自愿参与非遗文化的学习和交流。学生还可以通过阅读相关书籍、观看纪录片、参加非遗工作坊等方式自主学习非遗文化知识。学生对非遗文化的学习意愿是一种宝贵的资源，学校和教育机构应积极支持和推动学生的学习，提供多样化的学习机会和资源，帮助学生深入了解和传承非遗文化，让他们成为传统文化的守护者和传承者。

（2）学生较认同非遗美育文化融入思政课堂

在传承和发展中华优秀传统文化的时代背景下，非遗美育文化融入思政课堂具有重要的意义。首先，非遗美育文化是传统文化的重要组成部分，融入思政课堂可以帮助学生更好地了解和传承传统文化。非遗美育文化代表了中国民族的智慧和创造力，是我国优秀传统文化的重要体现。通过在思政课堂中融入非遗美育文化的学习，可以使学生更深入地了解传统文化的内涵和价值，增强民族认同感和文化自信心。其次，非遗美育文化融入思政课堂可以提高学生的审美能力和艺术修养。非遗美育文化强调的是艺术的审美价值和情感表达，通过学习和欣赏非遗艺术作品，学生可以培养自己对美的感知能力和鉴赏能力。这样的学习可以使学生的视野更加开阔，提升他们的审美素养，培养艺术情操，使他们成为更有修养和艺术欣赏能力的综合素质发展的人才。

此外，非遗美育文化融入思政课堂也有助于培养学生的创新精神和综合能力。非遗技艺的传承和创新需要学生具备创新思维和实践能力。在思政课堂中，引入非遗美育文化的学习可以激发学生的创新思维，培养他们的创造力和创意表达能力。通过学习非遗技艺，学生可以锻炼解决问题的能力、团队合作能力和自主学习能力，提高他们的综合素质和实践能力。

通过调查问卷中的以下题目我们可以了解到，有90%的学生认为在高校思政教育中融入非遗美育文化是有必要的，只有9%的学生持有无所谓的态度，1%的学生觉得没有必要在思政课堂融入非遗美育文化；有70%的学生对非遗美育文化融入高校思政教育持非常认同的态度，同时有98%的学生认为非遗美育文化融入高校思政课堂是能够实现的，具有育人功能，符合大学生全面发展的要求，符合新时代发展的客观要求（见表5-2）。通过调查问卷结果分析，可以得出学生较认同非遗美育文化融入思政课堂。

表5-2　问题5、6、7的调查情况

题　目	选　项							
	A	比例	B	比例	C	比例	D	比例
5.您认为在高校思政教育中融入非遗美育文化有必要吗?	非常有必要	51%	有必要	39%	无所谓	9%	没有必要	1%
6.您对非遗美育文化进入高校思想政治教育的态度如何?	非常认同	70%	一般	26%	无所谓	4%	没有兴趣	0
7.您认为非遗美育文化能否融入高校的思政教育?	能,具有育人功能,符合大学生全面发展,符合新时代发展的客观要求	98%	不能	2%	—		—	

学生认同非遗美育文化融入思政课堂是非常有道理的。这样的融合可以让思政课堂更符合时代要求，更丰富多彩，也能够更好地培养学生的综合素质和核心价值观。学校和教育部门应该支持和推动这种融合，提供相应的课程设计和教学资源，使非遗美育文化成为思政课堂的重要一环，促进学生全面发展和成长。

2. 非遗美育文化融入思政教育的不利因素

（1）非遗美育文化并未与思政课堂进行较好的融合

在目前的教育实践中，非遗美育文化并未与思政课堂进行较好的融合，存在一些问题和挑战。

通过调查问卷可以发现，在被问及"思政教师是否将非遗美育文化融入课堂内容"时，从图5-2可以清晰得知，有199人回答思政教师较少将非遗美育文化融入思政课堂，55人回答思政教师几乎或从来没有将非遗美育文化融入思政课堂，只有88人回答思政教师经常将非遗美育文化融入思政课堂。这表明思政教师将非遗美育文化融入课堂的情况还是比较少见的，非遗美育文化并没有与思政课堂很好地融合。

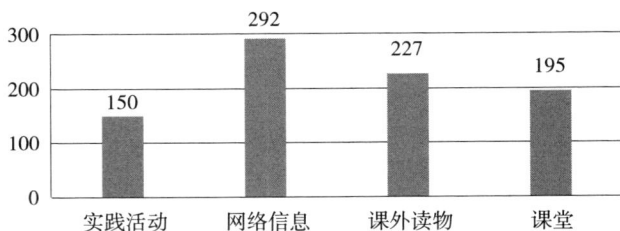

图5-2　问题8的调查情况

首先，非遗美育文化与思政课堂之间存在知识体系和教学模式的差异。思政课主要关注社会主义核心价值观、中国特色社会主义理论体系等方面的教育，注重培养学生的思想品德和社会责任感，而非遗美育文化更注重传统文化的传承和创新，培养学生的艺术修养和审美能力。这两者在课程设定、知识结构和教学方法等方面存在差异，导致在思政课堂中融入非遗美育文化存在一些困难。

其次，非遗美育文化的教学资源和师资力量相对薄弱。非遗美育文化需要专业的传统艺术家和文化传承者来进行教学和指导，但目前全国范围内能够胜任这一任务的专业人才相对有限。此外，非遗美育课程所需的教学资源也相对匮乏，如传统工艺、音乐乐器等器材和设施的供应不足，这给非遗美育文化在思政课堂中的融合带来了一定的难度。

再次，教师对非遗美育文化的专业知识和教学方法了解不足。很多思政课教师的专业背景并非艺术或文化教育，缺乏对非遗美育文化的深入了解和专业指导。因此，在思政课堂中融入非遗美育文化需要教师具备相关的专业素养，并能够选择合适的教学方法和资源，以便学生能够真正受益于非遗美育文化教育。

最后，教育评价体系的不完善也是非遗美育文化融入思政课堂困难的原因之一。当前，高考制度和评价体系主要侧重于文化科目的考核和评价，对于非遗美育文化的学习和表现往往无法得到充分的认可和重视。这可能导致学生和教师对非遗美育文化的教育热情受到抑制，难以积极参与其中。

尽管面临一些问题和挑战，但非遗美育文化与思政课堂的融合仍具备重要的意义和价值。非遗美育文化与思政课堂的融合可以丰富思政课堂的教学内容，增强学生对传统文化的认同和传承意识，同时，还可以通过审美的方式培养学生的创造力和创新思维，提升他们的文化素养和艺术修养。

（2）非遗美育文化融入高校思政教育中的效果一般

通过调查问卷得出的数据可知，有32%的学生认为非遗美育文化融入高校思政教育的效果比较好，有24%的学生认为非遗美育文化融入高校思政教育效果非常好，有40%的学生认为非遗美育文化融入高校思政教育效果一般，有4%的学生认为非遗美育文化融入高校思政教育没有效果。从上述的数据我们可以得出，有56%的学生认为非遗美育文化融入高校思政教育效果是较好的，有44%的学生认为非遗美育文化融入高校思政教育效果是不太好的，比例差别不大，说明非遗美育文化融入高校思政教育效果可提升空间较大。

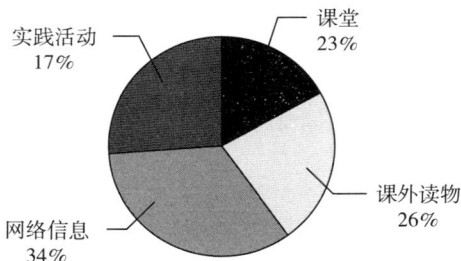

图5-3　问题10调查情况

　　非遗美育文化融入思政教育的效果主要取决于融合的方式、实施的程度以及教学环境的条件等多种因素。首先是教学内容的融合。思政教育的核心是培养学生的思辨能力、价值观和社会责任感等，而非遗美育文化注重的是审美和艺术修养。这两者在目标和侧重点上有一定的差异。因此，在融入思政教育过程中，需要精心设计课程内容，使两者相互补充、互相促进。如果融合不够合理，可能导致教学内容的冲突或不协调，影响学生对两者的理解和接受程度。其次是师资力量的不足。实施非遗美育文化融入思政教育需要教师具备相关的知识和技能，然而，在一些学校和地区，可能缺乏专业的非遗美育教师。这就导致非遗美育教育的实施受限，教师可能缺乏相应的教学方法和策略来将非遗美育内容与思政教育融合在一起。同时，教师对于非遗美育文化的理解程度也可能存在差异，影响了教学效果的提升。最后是教学资源的缺乏。将非遗美育文化融入思政教育还需要相应的教学资源和教材支持，这包括非遗艺术作品展示、相关文献资料的准备，以及实践活动的组织等。然而，由于非遗美育文化的特殊性，可能需要额外的投入和准备，包括非遗项目的保护和传承工作，艺术作品的展示和保管，实践活动的场地和设备等。如果缺乏这些资源的支持，可能影响到非遗美育教育的质量和效果。

　　尽管存在一些挑战和问题，但通过采取相应的措施，非遗美育文化融入思政教育的效果可以逐步提升。首先，加强师资培养和专业发展。提供非遗美育文化培训和认证课程，培养更多专业的非遗美育教师，提高他们的教学能力和专业素养。教师可以通过培训了解非遗美育文化的基本知识，学习如何将其融入思政教育，并掌握合适的教学方法和策略。其次，完善教材和教学资源。编写适合思政课程的非遗美育教材，建立相关的教学资源库，提供给教师和学生使用。这些教材和资源应该包含非遗美育文化的基本概念、具体案例和实践活动等，以便教师能够在教学中有效地引导学生进行学习和探索。再次，促进校内外协作。与相关的非遗传承机构、文化机构和艺术院校等建立合作关系，共同开展非遗美育文化教育活动。这种协作可以为学生提供更丰富的学习资源和实践机会，例如，参观非遗艺术展览、参与非遗技艺的传承和创新等，从而增强学生对非遗美育文化的理解和认同。最后，鼓励创新实践活动。组织学生参与非遗美育文化的实践活动，例如，非遗艺术作品的创作和表演、非遗技艺的实践体验等。通过实践活动，学生可以更加深入地理解和体验非遗美育文化的魅力，培养审美情趣和创造能力。

通过以上措施的实施，非遗美育文化融入思政教育的效果可以得到提升。学生不仅可以接触和了解非遗美育的传统文化，同时也能够培养思辨能力、价值观和社会责任感等思政教育的核心要素。这有助于学生的全面发展，提高他们的综合素质和民族文化认同感。

然而，需要注意的是，非遗美育文化融入思政教育并非一蹴而就，需要学校、教育部门和相关机构的共同努力和持续支持。只有通过长期的实践和探索，不断总结经验和改进教育策略，才能逐步取得良好的效果。通过持续的努力和改善，非遗美育文化融入思政教育的效果将得到有效提升，为学生的综合素质和民族文化传承做出积极贡献。

（3）非遗美育文化知识的宣传和实践活动有待丰富

通过调查问卷可知，当在回答"您是从以下哪些途径获取非遗美育文化知识"时，有84.9%的学生选择了课外读物，有66.0%的学生选择了课堂，实践活动和专题讲座的选择比例较低，说明非遗美育文化知识学生大多数是在课堂学习到或是在课外阅读时了解到的，了解非遗美育文化知识途径较少，这会使非遗美育文化知识的学生受众较少；当在被问及"您认为高校应该以什么样的方式宣传、教育学生进行非遗美育文化学习"时，学生选择最多的是课堂教学与社团活动和实践活动相结合，其次是利用各类媒体渠道，如校园广播、微博、微信等宣传方式，再次是课堂教学与开展非遗美育文化的相关竞赛，最后是组织各类课外活动，如辩论赛、演讲等。说明在学习非遗美育文化知识的过程中，学生还是较为倾向于课堂教授与实践活动相结合，既有老师进行专业性的教授课程，又有相配套的实践活动增加趣味性；当被问到"您认为校园的哪些活动对于您了解和学习非遗美育文化更有效"时，参加非遗美育文化的实践活动和赏析非遗美育文化的相关影视作品是学生选择最多的选项，说明学生更喜欢在实践中去学习非遗美育文化知识。

表5-3　问题11、14、15调查情况

题　目	选　项									
	A	比例	B	比例	C	比例	D	比例	E	比例
11. 您是从以下哪些途径获取非遗美育文化知识的？（多选）	课堂	66.0%	课外读物	84.9%	网络信息	43.6%	实践活动	30.8%	专题讲座	16.6%
14. 您认为高校应该以什么样的方式宣传、教育学生进行非遗美育文化的学习？（多选）	课堂教学	73.8%	课堂教学与社团活动和实践活动相结合	84.6%	开展非遗美育文化的相关竞赛	73.0%	组织各类课外活动，如辩论赛、演讲等	69.5%	利用各类媒体渠道，如校园广播、微博、微信等	76.2%
15. 您认为校园的哪些活动对于您了解和学习非遗美育文化更有效？（多选）	参加非遗美育文化的实践活动	85.5%	赏析非遗美育文化的相关影视作品	87.5%	学者、专家的讲座	55.5%	选修非遗美育文化的相关课程	64.8%	加入有关非遗美育文化的社团	60.8%

　　目前非遗美育文化知识的宣传和实践活动还有待丰富，这对于推动非遗美育的普及和发展具有重要意义。首先，宣传是推动非遗美育文化发展的关键环节。

当前，许多学生和家长对非遗美育文化存在认知不足或误解，认为它过于古老、陈旧，与现代社会无关。因此，需要通过有效的宣传手段和媒体渠道，向公众传递非遗美育文化的价值和意义。可以组织文化节、艺术展览、学术讲座等形式的活动，以吸引更多的人参与和了解非遗美育文化。其次，非遗美育文化知识的宣传应注重创新和多样性。传统的宣传方式往往过于单一，传递的信息难以引发学生的兴趣和参与意愿。因此，需要创新宣传手段，如利用社交媒体、短视频、互动游戏等吸引年轻人的关注。同时，宣传内容也应该多样化，包括非遗美育文化的历史渊源、技艺特点、艺术表现形式等方面的知识，以便更好地满足不同人群的需求。最后，实践活动是理解和体验非遗美育文化的重要途径。学生通过亲身参与非遗美育文化的实践活动，才能深入了解其内涵和魅力。因此，学校和社会组织应该开展多样化的实践活动，如非遗展示、手工制作、戏曲表演、乐器演奏等，让学生亲手制作和演绎传统艺术品，体验非遗美育文化的乐趣和成就感。

此外，非遗美育文化知识的宣传和实践活动还应该与当地社区和文化资源相结合。每个地区都有独特的非遗文化传统，可以组织学生拜访当地的非遗传承人，了解他们的技艺和经验，并与他们互动交流。同时，学校也可以与相关的非遗保护机构、博物馆、图书馆等建立合作关系，共享资源，举办联合活动，提供更多的学习机会和资源支持。另外，非遗美育文化知识的宣传和实践活动还可以与其他学科进行跨学科融合。通过与文学、历史、地理、科学等学科的结合，可以进一步丰富非遗美育文化的教学内容和表达方式，提高学生的综合素养和跨学科能力。

非遗美育文化知识的宣传和实践活动是推动非遗美育发展的重要手段。通过创新宣传方式、丰富实践活动、与社区和文化资源合作等途径，可以使更多的人了解和参与非遗美育文化，促进传统文化的传承与创新，并为学生提供全面发展的教育机会。同时，还需要政府、学校和社会各界的共同努力，形成合力，推动非遗美育文化知识的宣传和实践活动的全面发展。

（4）学生对非遗美育文化认识不足

通过调查问卷数据分析我们可以看出，在被问及"您认为非遗美育文化融入高校思政教育存在的问题"时，学生选择最多的是"大学生对非遗美育文化认识比较缺失"这个选项，学生对非遗美育文化的认识相对缺失是一个普遍存在的问题。

表5-4　问题16情况分析

题　目	选　项									
	A	比例	B	比例	C	比例	D	比例	E	比例
16.您认为非遗美育文化融入高校思政教育存在的问题（多选）	非遗美育文化未纳入课程教学体系	68.9%	非遗美育文化融入思想政治教育效果不佳	62.8%	大学生对非遗美育文化认识比较缺失	75.3%	非遗美育文化融入载体比较单一	65.7%	较少将非遗美育文化理论付诸实践	61.3%

　　在现代社会，随着科技和全球化的快速发展，年轻一代更多地接触到流行文化和现代艺术，而非物质文化遗产和传统艺术往往被较少关注，所以学生对非遗美育文化的认识相对缺失的原因是多方面的。首先，现代教育体制往往注重知识的传授和考试成绩，对非遗美育文化等传统文化内容的教学相对较少。学生普遍接受的学科和课程更加偏向科学、技术和现代艺术等领域，对于非遗文化的了解和认识相对较少。其次，在当今社会，流行文化和现代娱乐方式占据了年轻人的大部分时间和注意力。流行的音乐、电影、电视剧等形式更容易吸引年轻人的注意力，而非遗美育文化相对较为陌生和冷门，所以学生对其了解和认知相对较少。随着城市化进程的加速和社会变革，许多非遗项目和传统艺术形式面临着传承困境。传统的非遗传承人逐渐减少，传统技艺在现代社会可能失去了应有的发展空间，这导致了非遗美育文化在学生中的认知缺失。再次，与现代流行文化相比，非遗美育文化的宣传和推广力度相对较弱。媒体、学校和社会机构在宣传和教育非遗美育文化方面付出的努力不够充分，导致学生接触到的信息有限，从而对该领域缺乏认识。最后，学生对非遗美育文化的认知也与个人的兴趣和接触机

会有关。如果学生没有接触到非遗艺术项目或者没有对该领域产生兴趣，就很难主动去了解和深入研究相关的知识。综上所述，学生对非遗美育文化的认知缺失是由教育体制、流行文化的干扰、传承环境的改变、缺乏教育推广以及个人兴趣与接触机会等多种因素共同作用的结果。

提高学生对非遗美育文化的认识需要学校、社区和家庭的共同努力。通过教育课程改进、文化活动组织、实地参观、讲座示范、数字平台的利用以及与社区的合作，可以使学生更加全面地了解和体验非遗美育文化，从而激发他们对传统文化的兴趣和热爱。比如，学校可以在课程中增加非遗美育文化的相关内容，包括非遗的定义、历史渊源、代表性项目、艺术技艺等。这样可以帮助学生了解非遗文化的独特魅力，并培养他们的审美意识和文化素养。举办各类与非遗文化相关的文化体验活动，如传统乐器演奏、传统舞蹈表演、手工艺制作等。这些活动可以激发学生的兴趣，使他们亲身参与其中，感受到非遗美育文化的魅力。组织学生参观非遗传承人的工作室，让他们亲眼见证传统艺术的制作过程，与传承人交流，了解他们的经验和智慧。这样有利于学生更加全面地了解非遗艺术的精髓，并且感受到非遗文化的传承和发展。邀请非遗艺术家来学校举办讲座和示范，与学生分享他们的艺术经验和创作理念。通过亲身接触和交流，学生可以更深入地了解非遗艺术家的故事和创作背后的意义，从而对非遗美育文化产生更深的认识和兴趣。学校可以组织非遗文化展览和艺术比赛，鼓励学生参与创作和表演非遗艺术作品。这样的活动可以激发学生的创造力和艺术才华，同时也为他们提供展示自己作品的机会，增强对非遗美育文化的认识和理解。这将有助于非物质文化遗产的传承与发展，以及年轻一代的全面成长。

二、个人访谈情况及分析

为进一步了解非遗美育文化融入高校思政教育的情况，我们对相关学校领导和教师以及非遗传承人进行了访谈。我们将访谈内容整理成文字资料，并且划分为两个部分进行访谈结果分析。

（一）高校教师访谈结果分析

1.访谈目的与方法

（1）访谈目的

根据研究需要，围绕"非遗美育文化融入高校思政教育"，我们与非遗文化氛围浓厚的张家界L高校领导和老师进行了面对面访谈，了解高校教师对非遗美育文化融入高校思政教育的认识和态度、关于非遗美育文化融入思政教育的现状及成效，以及他们对于未来非遗美育融入思政教育的展望。以此为基础，以便能深入分析非遗美育文化融入高校思政教育的理论基础和实践模式。

（2）访谈方法

本次访谈采取非结构式访谈，非结构式访谈亦称为"非定式访谈""无结构式访谈"，或称"非标准化访谈"，属于访谈的方法之一。指的是对访谈对象的选取、所要询问的问题等只有一个粗略的基本要求，访谈过程中，访谈者可根据访谈时的实际情况灵活调整访谈内容和进程。

非结构式访谈的特点是由访谈者与访谈对象在某一范围内自由交谈，具体问题可在访谈过程中边谈边形成边提出，对于提问的方式和顺序、回答的记录、访谈时的外部环境等，也没有统一要求，可根据访谈过程中的实际情况做各种安排。

非结构式访谈完全去除了标准化流程和固定的问题顺序，访谈没有必须要询问的问题，研究人员可以准备一份列表，但不会受影响。非结构式访谈通常以日常生活的对话方式进行，让受访者表达自己的观点，过程受到访谈者和受访者的社会互动的影响。非结构式访谈的优点是有利于发挥访谈者和被访谈者的主动性和创造性，拓展和加深访谈问题的研究。

本次通过面对面访谈张家界L高校的领导和思政老师，获得第一手资料，并整理成了语音和文字资料。主要内容围绕非遗美育文化是否融入高校思政教育、以怎样的形式融入高校思政教育、融入的效果如何等问题展开。

2.访谈内容设计

本次访谈以集体访谈为主，根据高校领导和高校教师的不同角色进行针对性提问，参加此次访谈的共有L校的九位老师，这九位访谈对象的选取充分考虑了与思政教育和非遗文化的关联性，其中三位是负责L校思政教育的领导，六位是思政课的老师。具体情况如表5-5所示。通过本次设置的十个问题（根据受访者的回答问题有所不同或增加），我们通过一些老师们熟悉的思政课话题，与老师们沟通了非遗美育文化融入思政教育的可行性，以及学校将非遗美育融入本校思政教育的现状、遇到的问题及对未来非遗美育文化融入思政教育的展望。访谈思路和内容大致如下：非遗美育文化融入高校思政教育的价值体现，非遗美育文化的美主要可以体现在哪些方面？怎样通过思政课去释放非遗文化的美？目前学校关于非遗美育文化融入高校思政教育的情况怎么样？融入的形式是怎样的？目前学院非遗美育文化融入思政教育的难点？目前学院非遗美育文化融入思政教育的成果反馈等。谈论内容为本书讨论不足与问题提供了现实依据，也为本书构建非遗美育文化融入高校思政教育的路径提供了思路。

表5-5　高校访谈对象

序号	姓名	职位	访谈时间
1	A 领导	学院书记	1—1.5 小时
2	B 领导	学院副院长	1—1.5 小时
3	C 领导	人事处处长	1—1.5 小时
4	D 老师	马克思主义学院教师	1—1.5 小时
5	E 老师	马克思主义学院教师	1—1.5 小时
6	F 老师	马克思主义学院教师	1—1.5 小时
7	G 老师	马克思主义学院教师	1—1.5 小时
8	H 老师	马克思主义学院教师	1—1.5 小时
9	J 老师	马克思主义学院教师	1—1.5 小时

3.访谈结果分析

非遗美育作为保护和传承中国传统文化的一种重要途径，近年来在高校思政教育中引起了广泛关注。本书通过对高校教师的访谈调查，分析他们对待非遗美育融入高校思政教育的看法、认知和建议，旨在为相关研究和实践提供参考和借鉴。通过本次访谈，我们得出了以下观点。

第一，高校教师认识到非遗美育的重要性。当被问到对于非遗美育文化的认知时，教师们纷纷表达了自己的观点。首先，大家都普遍认识到非遗美育的重要性。他们认为非遗文化作为中国传统文化瑰宝，不仅承载了丰富的历史和文化内涵，更体现了中华民族的独特精神。非遗美育是将非物质文化遗产作为教育资源，通过教育手段培养学生的审美情趣、文化素养和创新能力的过程。它不仅具有传承与弘扬传统文化的功能，还能激发学生的创造力和创新思维，在培养学生的综合素质方面起到重要作用，非遗美育可以加深学生对传统文化的了解和认同，培养学生的文化自信心和民族自豪感。其次，D老师重点提到，非遗美育可以培养学生的审美能力和创新意识，提升他们的艺术修养和创造力。非遗美育注重实践，可以激发学生的实践能力和团队协作精神，培养学生的社会责任感。将非遗美育融入高校思政教育可以丰富教学内容，使学生更好地了解和传承传统文化，培养学生的文化自信心和审美能力。C处长指出，非遗文化能够帮助学生理解美、发现美、创造美，进而绽放自身的美。张家界非遗文化丰富，传承意识较强，在习近平总书记"育人的根本在于立德。要坚持社会主义办学方向，培养德智体美劳全面发展的社会主义建设者和接班人"指示的指导下，更应该传承和发扬非遗文化之美。A领导强调指出，高等教育机构承担着培养人才、传播知识和传统文化的重要责任。在信息时代，传统文化和非物质文化遗产的保护与传承变得愈发重要，而非遗美育作为非物质文化遗产的一种教育方式，对于高校而言具有重要性。非遗美育作为传统文化的重要组成部分，对于传承与弘扬传统文化具有重要意义。大家都意识到非遗美育可以将传统文化融入教学，让学生通过实践和体验深入了解中国传统文化的内涵与价值，增强学生的文化自信心和民族自豪感。通过非遗美育的教育方式，学生能够更好地了解和传承中国悠久的文化传统，维护和彰显民族的文化独特性。此外，非遗文化融入教育过程，可以培养学生的审美情趣、提高学生的文化素养，促使学生在情感、智力、体质等方面的全面发展。非遗美育注重实践与体验，能够培养学生的动手能力、合作精神和创造力，培养他们面对复杂问题时的分析和解决能力。

第二，非遗美育文化融入高校思政教育实践中存在的挑战。虽然教师们普遍支持非遗美育文化融入高校思政教育，但当被问到目前学院非遗美育文化融入思政教育的难点时，他们也指出在教育实践中存在一些挑战。非遗美育作为传承和发展非物质文化遗产的一种形式，具有重要的文化价值和教育意义。高校思想政治教育是培养学生正确世界观、人生观和价值观的重要环节，将非遗美育融入高校思政教育中，能够丰富教育内容，提升教育效果。然而，在实际的教学实践中，非遗美育与思政教育的融合面临诸多挑战。C领导第一个表达了自己的担忧。在非遗美育融入高校思政教育的实践中，师资培养和教材资源的不足是一大挑战。首先，师资培养方面，由于非遗美育研究和教学的相对滞后，缺乏专业的非遗美育教师队伍，学院需要加强对教师的培训和引进非遗美育专业人才，提高他们的专业素养和教育水平。其次，教材资源方面，目前针对非遗美育与思政教育融合的教材资源还比较匮乏，学院需要加强教材的编写和积极推动相关研究，提供丰富的教学资源供教师使用。另外，教师的专业素养和教育方法也需要提升，需要加强教师培训，提高教师对非遗美育的认知和能力，使他们能够更好地引导学生参与非遗美育实践活动。H老师指出，学生观念与认知的差异也是非遗美育融入高校思政教育的挑战之一。部分学生对传统文化和非遗美育可能存在认知偏差或不感兴趣，他们更倾向于现代化的学科和文化形式。在实施非遗美育的教学中，教师需要通过启发式教学方法、互动式学习等方式，激发学生的兴趣和参与积极性，引导他们树立正确的文化价值观和思维方式。F老师提出，非遗美育融入高校思政教育还需要解决教学环节和评估方式的适应问题。传统的教学模式可能难以满足非遗美育的特点和需求，需要引入更多的实践与体验环节，例如，组织学生进行非遗文化展示、实践项目等。同时，评估方式也需要进行相应调整，注重学生的实际操作能力、创新能力和问题解决能力的评价，而非仅仅侧重于理论知识的考核。最后，教育机构和学校的支持和投入也是一个重要因素，教师们认为学校应提供更好的教学环境和资源支持，为教师开展非遗美育教育提供更多的支持。

第三，非遗美育文化融入思政教育具有的价值。当提到非遗美育文化融入高校思政教育的价值体现时，教师们普遍认为非遗美育与思政教育有着密切的联系，可以在提升学生文化素养的同时，培养学生的思想道德和思维能力。作为思政课一线教师，J老师提到，非遗文化丰富了思政教育内容。非遗文化是中华传统文化的重要组成部分，融入思政教育能够丰富教育内容，使学生在接受思政课程的过程中更全面地了解和领悟中华传统文化的精髓。非遗文化的特点和内涵，如对民族精神的追求、对文化传承的重视、对创新与发展的关注等，都与思政教育的目标相契合，能够引导学生形成正确的价值观和丰富的文化认知。其次，非遗文化激发了学生的爱国情感和认同感。教师们认为非遗文化是中国民族的瑰宝，融入思政教育可以激发学生的爱国情感和民族认同感。通过学习和体验非遗文化，学生能够感受到自己与中华传统文化的联系，增强对国家发展和民族复兴的自豪感和使命感。非遗文化的传承和保护是每个中国人共同的责任，在思政教育中培养学生的爱国主义情怀，有助于建设有中国特色社会主义事业的坚定信念。另外，H老师提到非遗文化培养了学生的创新与实践能力。非遗文化注重创新与发展，强调手工艺与实践技能，将非遗文化融入思政教育，能够培养学生的创新意识和实践能力。通过学习非遗技艺和参与相关实践活动，学生可以培养解决问题和创造性思维的能力，锻炼动手操作的实际技巧。这对于学生综合素质的提升具有积极意义，使他们在面对挑战和问题时更具应变能力。最后，A领导提到非遗文化可促进学生的审美素养和人文关怀。非遗文化融入思政教育有助于培养学生的审美素养和人文关怀。非遗文化代表了一种优雅和精致的审美观念，通过学习非遗文化的艺术表达形式，学生能够提高自己的艺术鉴赏能力和审美情趣。同时，非遗文化体现了对传统与自然的关爱，在思政教育中引入非遗文化元素，能够提醒学生关注环境保护、文化传承等更广泛的社会问题，培养他们的人文关怀和社会责任感。教师们认为，通过将非遗文化融入思政教育，可以更好地实现对学生思想素质的培养和全面发展，为他们成为有社会责任感和创新能力的时代新人打下坚实基础。并且，非遗美育可以通过实践活动、课堂教学等方式，引导学生对非遗文化进行深入了解和积极参与，增强学生的社会责任感和文化认同感。教师们表示，非遗美育可以培养学生对传统文化的情感认同，激发学生的创新思维和创造力，使他们能够更好地面对未来的挑战与机遇。

第四，建议与展望。基于访谈结果，老师们给出了不同建议，以促进非遗美育融入高校思政教育的深入发展。首先，A领导建议加强师资队伍建设。应注重招聘和培养思政教育和非遗文化领域专业的教师。他们应当具备扎实的专业知识和教学能力，并了解非遗文化的特点和内涵，能够将其与思政教育有机结合。其次，教师们都希望能够设计符合非遗文化特点的课程。学校开设非遗文化与思政教育相关的课程，例如"非遗文化与传统价值观""非遗文化与创新创业"等。这些课程应该设计合理的教学内容和教学方法，注重培养学生的实践操作能力和创新思维。此外，F老师建议可以引入非遗文化实践活动。学院可以组织学生参与非遗文化传承、保护和创新的实践活动。例如，学生可以参与非遗技艺的学习和实践，参观非遗文化展览和工坊，与非遗传承人互动交流等。通过实践活动，学生能够更加深入地感受非遗文化的魅力，增强对传统文化的认同感和自豪感。另外，建立合作与交流机制。B领导建议学院可以与非遗文化传承机构、相关政府部门、社区等建立合作与交流机制。通过共同合作开展非遗文化项目，学生可以参与实际的非遗传承和保护工作，与非遗传承人和专家进行面对面的交流，拓宽学生的视野和经验。D老师提出，需要创新评价体系。高校应考虑创新思政教育的评价体系，注重对学生非遗美育相关专业能力的评估。评价指标可以包括学生对非遗文化的理解和应用能力、实践操作的技能能力、创新能力等方面，以全面综合地评价学生在非遗美育方面的发展。最后，鼓励学术研究和实践探索，提供更丰富多样的非遗美育教材和实践案例。老师们认为高校可以鼓励教师和学生积极参与非遗美育领域的研究与学术交流，组织相关学术研讨会、论坛和展示活动，促进学术交流与合作，推动非遗美育在高校思政教育中的深入发展。

综上所述，通过访谈调查可以看出，参与访谈的L高校教师普遍对非遗美育融入高校思政教育持支持态度，并且提出了一些建议。他们认识到非遗美育的重要性，同时也认识到在实践中的一些困难和挑战。因此，加强教师培训，提供更好的教材和资源支持，加大学校对非遗美育的支持力度，将是未来推动非遗美育融入高校思政教育的关键。

（二）非遗传承人访谈结果分析

1.访谈目的与方法

（1）访谈目的

非物质文化遗产包含着影响社会现实、维护民族文化统一性的基因。非物质文化遗产中贯穿着一条抵御时间销蚀力、保持民族文化连续性的血脉。保护和利用好中国非物质文化遗产有利于民族精神的凝结和绵延，对实现中华民族的伟大复兴有不可估量的作用和伟大意义。通过对非遗传承人进行访谈，了解非物质文化遗产的现状，对探讨非遗文化融入高校思政教育的路径具有重要意义。

（2）访谈方法

本次采取面对面访谈，面对面访谈也称直接访谈，它是指访谈双方通过面对面的直接沟通来获取信息资料的访谈方式。它是访谈调查中一种最常用的收集资料的方法。在这种访谈中，访谈员可以看到被访者的表情、神态和动作，有助于了解更深层次的问题。面对面的访谈可以是访谈员到被访者确定的访谈现场进行访谈，也可以是在征得被访者认可的情况下，由访谈员确定访谈现场。为了方便被访者，一般来说，以到被访者确定的访谈现场为主。

访谈，又分为集体访谈和个别访谈。由于本次访谈的对象是不同领域的非遗传承人，因此采取的是个别访谈方法。个别访谈，适合于访问某个特定个体的情况，了解带有隐私性、隐蔽性和个人性的情况，做深入的、"解剖麻雀"式的研究。

非物质文化遗产是中华文化历经时代洪流的打磨而保留下来的精粹。本次通过面对面访谈三位张家界非物质文化遗产传承人，我们更加切身感受了非物质文化遗产的魅力，进一步了解张家界非物质文化遗产项目的发展情况，也体会到非遗项目传承过程中所面临的困境。

2.访谈内容设计

本次访谈以个别访谈为主，根据张家界的特色非遗项目对不同非遗项目的传承人进行深入沟通。参加此次访谈的共有三位，一位是非遗国家级非物质文化遗产代表性项目代表性传承人，一位是非遗国家级非物质文化遗产代表性项目代表性省级传承人，还有一位是中国舞蹈家协会认证的注册舞蹈教师。这三位访谈对象的选取充分考虑了张家界非遗文化的多样性。具体情况如表5-6所示。考虑到受访者年龄较大，访谈问题尽量通俗易懂，整个访谈过程比较轻松。访谈者述说了当前本项目发展情况，也讲解了本非遗项目历史环境的溯源，我们也从受访者的语言里了解到非物质文化遗产项目的"前世今生"，理解了非遗项目随时代变化的发展动态，了解了社会人文环境、地理环境、科学技术、政治形态对非遗项目产生的影响，以及非遗项目在不同时期对群众生活产生的影响。每个非遗传承人都表达了自己对于非遗传承项目发展的不同意见，阐述了各自的担忧与期待，对于将非遗美育融入高校思政教育也表达了自己的看法。谈论内容为本书探讨非遗项目的溯源与发展提供了现实依据，也为本书构建非遗美育文化融入高校思政教育的路径提供了思路。

表5-6　非遗传承人访谈对象

序号	姓名	非遗项目	访谈时长
1	向老师	"桑植民歌"省级传承人	2—2.5 小时
2	欧阳老师	"摆手舞"传承人	1 小时
3	尚老师	"桑植民歌"国家级传承人	1 小时

3.访谈结果分析

非遗项目指的是非物质文化遗产项目，包括传统的民间艺术形式、手工艺技艺等，是人类文化传统的重要组成部分。这些传统技艺和文化形式代代相传，在经历了时间的考验后，承载着丰富的历史和文化内涵。非遗项目的历史可以追溯到几百甚至几千年前，而每个项目都有其独特的发展轨迹和演变过程。随着社会的变迁和现代化进程的推进，一些非物质文化遗产项目面临着衰落和失传的危机，因此非遗传承的问题愈加突出。

非遗传承人作为文化传统的守护者和传承者，对非遗项目的历史、现状以及未来发展有着独特的见解和建议。下面将三位传承人的口头讲述内容整理成文字，依次分别阐述。

向老师，女，土家族，1956年6月生于湖南省张家界市桑植县人潮溪镇红旗村，中共党员，中国民间文艺家协会会员，群文副研究馆员（副高职称），国家级非遗项目湖南桑植民歌湖南省级传承人。曾任张家界市音协副主席、市政协委员、湖南省音协声乐委员会理事。1978年，年仅22岁的向老师在京参加文化部主办的独唱、二重唱文艺汇演，将桑植民歌带到了北京。在此之后一直以个人的力量促进和带动桑植民歌的传播。在当时，桑植民歌并不是社会主流，但向老师一直坚持自己热爱的民歌，并竭力传播民歌的魅力，自发在民间教学，促进桑植民歌的传播。2005年桑植民歌被命名为"湖南省十大民族民间文化遗产"；2006年5月被国务院列为第一批国家级非遗保护项目名录。向老师2006年赴北京参加由中央电视主办的《2006中国民族民间歌舞盛典》之后，个人出版DVD并赠送政府相关文化部门。个人传播力量较小，在受到当地政府重视之后，2008年向老师获"湖南省级传承人"称号，这一荣誉不仅使向老师名声大振，同时也促进了张家界当地的文化、旅游和经济的发展。向老师非常健谈，跟我们讲述了成为非遗传承人的经历后，又讲述了桑植民歌的非遗现状及面临的困境：当前存在非遗传承人"断层"的情况。政府为促进非遗文化传播，举办了"民歌节""传承人"等活动，但年轻一代为了符合时代潮流，将桑植民歌融入流行元素，导致桑植民歌不再"纯粹"。向老师认为传播的不是纯粹的桑植民歌，桑植民歌的传承人"一人难觅"，存在年龄断层情况。同时她认为，认为桑植民歌进高校，能提高学生鉴赏美的能力。桑植民歌传递美的方式有旋律美、歌词美、韵律美、服饰美、甚至于歌手的表情肢体动作美，在学习的过程中学生就能充分感受到桑植民歌的魅力。同时桑植民歌中的歌词描绘了红军长征时的情景，再现了红军长征的艰难险阻，展示了红军迎难而上的大无畏精神，这也能让学生铭记历史，端正思想，加强高校的思政教育，但目前桑植民歌没有进入过高校思政课堂，受访者表示希望高校能提供相应平台，让非遗传承人不仅能够进入高校民族音乐课寻找合适传承人，同时也能够进入高校思政课加强大学生思想政治教育。

欧阳老师，男，中国舞蹈家协会注册舞蹈教师，摆手舞传承人，红桥文化艺术学校校长。他对于张家界非遗文化现状做了三个方面的总结：第一，政府支持力度和相关领导重视程度不够。张家界的非遗在湖南里面是算中等偏下的，最好的非遗工作是在湘西自治州。主要表现在两个方面：（1）湘西更有超前的意识。从申报项目的数量来说，张家界国家级的数量才4个，这次申报的才5个国家级项目，省级的可能有几十个，而湘西自治州的申报数量是张家界的4倍以上，他们省级的项目有几百个，甚至张家界的非遗都是他们申报成功的。（2）从非遗传承人的待遇来看，湘西自治州的国家级传承人有4万—5万元的补贴，在张家界，国家级传承人只有2万元，省级传承人只有1万元，市级给予一定补贴。湘西那边的传承人生活得到保障，他就很安心地去做传承工作。相比而言，张家界的传承人生活得不到保障，无法很好进行传承工作。第二，传承人年纪较大或存私心导致的非遗文化失传。传承人基本年纪较大，他们记忆不太好，如果现在不进行整理和挖掘，可能就面临着失传。这些非遗人群，多半在农村，生活居住环境比较差，身体普遍偏弱，而且现在年轻人对非遗不感兴趣，基本上都不会学，对非遗传承真正感兴趣的人很少。师徒之间缺少传承的仪式，徒弟学会了这些非遗文化用来赚钱，但缺少对师傅的尊敬，让很多传承人师傅寒心，不再想收弟子。第三，非遗文化传承存在内容上的错误。摆手舞也分门派、地域风格，不同地方的鼓点都是完全不一样的。现在学校编的一些摆手舞存在一些错误。欧阳老师还提出非遗传承的发展需要社会多方主体支持，政府应当给予非遗传承人更多关心，同时非遗文化也要与市场接轨才能够发展得起来。

尚老师，男，土家族，桑植民歌传承人。2018年5月，尚老师入选第五批国家级非物质文化遗产代表性项目代表性传承人。尚老师提出，作为非遗传承人，他们有多重途径宣传非遗项目，比如他们有对当地中小学音乐教师进行培训，音乐老师进行培训后再教授学生桑植民歌，当地教委也很重视。部分高校也邀请过尚老师进课堂教授桑植民歌，但未进入过思政课堂。尚老师表示，桑植民歌是对大自然的感触，是当地人民在劳动时有感而唱，或是住在两座山头的人民用唱山歌的方式进行对话而形成。每首桑植民歌都有自己的故事，其类型可以细分为对爱情的歌颂和对自由爱情的追求的歌曲；对亲人和爱人的思念的歌曲；劳动时的有感而发的歌曲和红色歌曲（如，门口挂盏灯）。桑植民歌是全国的瑰宝，老百姓的不断创作是最原生态的，是创作的源泉和灵魂。

关于桑植民歌的发展，尚老师表示将桑植民歌融入流行歌曲、年轻人创办桑植民歌乐队、对桑植民歌进行改编、短视频和直播进行传播都是对桑植民歌的传播和发展。他认为这些方式更易普及，更易被大众接受，只要在传播过程中保持桑植民歌的核心即可。

从以上访谈中我们可以了解到当前非物质文化遗产在推广和发展方面所面临的一些挑战和困境。首先，随着时代的变迁，人们生活方式的改变和年轻一代对新兴文化形式的追求，传统文化的吸引力逐渐减弱。许多非遗项目面临着观众和传承者的减少问题[1]。其次，许多非遗项目缺乏系统的保护和传承机制，传承人之间的沟通和交流有限，导致技艺传承受阻。同时，一些非遗项目缺乏持续的市场需求和商业化运作机制，难以在现代社会中融入和发展。另外，人们对非遗项目的认知和了解也存在欠缺，许多非遗项目仍然处于被边缘化的状态，缺乏广泛的宣传和推广机会。

根据受访者的访谈内容，加上著者自身思考，我们也总结出来了一些关于非遗项目传承的建议。第一，加强非遗项目的保护意识。非遗传承人应当加强对非遗项目保护的重要性的宣传，向公众普及非遗项目的价值和意义[2]。同时，政府应制定相应的法律法规来保护非遗项目，鼓励社会各界参与到保护工作中。第

① 李静.洛阳市老城区非物质文化遗产的传承与保护[J].河南科技，2020（06）：93—99.

② 廖恒，邓朝宁.非物质文化遗产保护要素及模式创新研究[J].天府新论，2013（03）：109—113.

二，建立非遗项目传承机制。建立健全非遗项目的传承机制，包括培养和选拔传承人、传承技艺的培训体系、指导和辅导等。政府可以在经济、文化等方面给予非遗传承人支持，营造良好的传承环境。第三，积极开展非遗项目的教育工作。在学校教育中，加强对非遗项目的传统知识、技艺的教育，培养和激发学生对传统文化的兴趣和热爱。同时，非遗传承人可以以开办培训班、讲座、工作坊等形式，向社会公众普及非遗项目的知识和技艺。第四，增进非遗项目传承人之间的交流与合作。非遗传承人应积极参加各类交流活动，增进彼此之间的沟通交流，分享经验和技艺。此外，可以组织非遗项目的聚会、展览等活动，提高非遗项目的传承人之间的凝聚力和合作性。第五，创新与融合。非遗传承人可以探索非遗项目与现代艺术、科技等的结合，通过创新的方式来传承和发展非遗项目。例如，利用现代技术手段，将非遗项目呈现在新的媒体平台上，吸引更多年轻人的关注。第六，突出非遗项目的社会价值。非遗传承人可以通过与社会问题的结合，开展非遗项目与社区发展、文化教育等的结合，突出非遗项目在社会发展中的价值，并通过这种方式来吸引更多人参与非遗项目的传承与发展。第七，增强非遗项目的市场意识。传承人可以联合行业内的从业者，加强非遗项目的市场调研和推广，寻找新的发展机会。通过商业合作，将非遗项目打造成有市场潜力的产品或服务，增加非遗项目的可持续性。

总之，非遗传承人的建议和努力对于非遗项目的传承至关重要。对于将非遗美育文化融入高校思政教育更是具有重要意义。政府、社会组织和广大公众也应当给予非遗传承人更多的支持和鼓励，共同致力于传承和发展非遗项目，使其在现代社会中焕发出新的生机与活力。非遗项目是我们宝贵的文化遗产，传承和发展之路任重而道远，但每一位非遗传承人的努力都是宝贵的贡献。

三、非遗美育文化融入高校思政教育成效

非遗美育文化融入高校思政教育，作为一种创新的教育模式，不仅传承和弘扬了中国丰富的传统文化，而且极大地丰富了思政教育的内容和形式。通过这种

融合，思政教育增加了深厚的文化维度，使学生不仅能够学习到传统思政理论，还能深入了解中国丰富多彩的非物质文化遗产，增强对传统文化的认知和尊重。

（一）拓宽了高校大学生知识体系结构范畴

非遗美育与思政教育的结合，促进了跨学科学习的融合，使学生在学习非遗文化的同时，也能接触到历史、艺术、社会学等多个学科的知识，形成全面的知识结构和思维模式。例如，桑植民歌作为非物质文化遗产，不仅是桑植地区人民身份和文化的象征，也是中华民族优秀传统文化的重要组成部分。传承和弘扬桑植民歌，既是对现代文化多样性的贡献，也是对历史遗产的尊重和传播。将桑植民歌的独特文化元素引入大学课堂，成为实现这一目标的有效途径之一。这不仅有助于桑植民歌在现代社会的活态传承，还能将这一文化遗产转化为有形的文化资产，甚至升华为文化资本[1]。此外，将桑植民歌融入大学非遗课程，体现了新课程理念。桑植民歌源自湖南桑植地区，是中国民间音乐的瑰宝，代表了中华民族世代相传的文化精髓。通过将桑植民歌纳入大学教育，不仅能教授学生相关的民歌知识和技艺，还能激发学生对生活和中国传统文化的热情。这种教育方式符合新课程理念，即从单一的知识传授转向对生命经验的探索，在实践和反思中寻求生命和文化的深层意义。

（二）丰富了高校大学生思政教育的教学形式

非遗美育文化融入高校思政教育特别强调实践和体验，使思政教育从单一的理论学习转向更加生动和实际的学习方式[2]。学生通过参与非遗文化的学习和实践，如传统手工艺制作、民俗节庆等，不仅增强了对传统文化的实际感知，还提升了他们的艺术修养、创新思维和实践能力。这种方式有效地提高了思政教育的吸引力和有效性，激发学生的学习兴趣和参与热情。例如，将桑植民歌融入思政

---

[1]　张文鲜，张兵，张洪芝.非物质文化遗产融入思政课教学路径探析——以重庆工商职业学院为例[J].长江大学学报（社会科学版），2020（06）：35—38.

[2]　詹泽慧，李克东，林芷华等.面向文化传承的学科融合教育（C-STEAM）：6C模式与实践案例[J].现代远程教育研究，2020，32（2）：29—37.

教育，打破了传统思政教育的模式，拓宽大学生知识体系结构范畴，使得教学形式更加多元化和生动。通过组织学生参与民歌演唱、创作和研究活动，将理论学习与实践体验相结合，不仅提高了学生的学习兴趣，还培养了他们的艺术审美和创造力。同时，这种互动式和体验式的教学方式也使学生能够更直观地感受到民歌背后的文化内涵和历史意义。此外，桑植民歌的融入还促进了跨学科的学习方式。通过分析民歌的文学、历史、艺术价值，学生能够从不同角度理解和探究中国传统文化，促进了综合性思维和批判性思维的发展。

（三）搭建了"非遗+文创"产学研用一体化平台

非物质文化遗产作为展现和保持民族文化独特性的生动文化形态，承载着深厚的文化和思想意义。随着时间的推移及审美观念的变化，当代人对文化的体验也在发生着变化。"非遗+文创"的产学研用体系应深入非遗文化传承中。非遗包含了丰富的教育价值，尤其是那些传统手工艺，它们以独特的图案设计吸引着人们的目光。在高校非遗课程中融入这些元素，并探索其审美和精神价值，可以有效提升学生的美学感知、欣赏及创造力[1]。开发以非遗为文化载体的文创产品形成产业化生产和艺术研用是重要的传播路径，如，以非遗手工艺代表性项目文化为设计元素的摄影集、明信片、书签、日历等，或者以非遗文化为设计元素的团扇、抱枕、装饰画等[2]。此外借助新媒体也可开发与非遗文化相关的短视频、摄影、动画等多媒体文创产品。

---

① 温庭莉.美育实践与创新引领旅游类新文科建设：五音草举例[C].中国旅游研究院.2022中国旅游科学年会论文集，北京：2022.

② 李志伟，储美雯，胡心玥.基于"非遗动漫"的美育方法分析——以"鸟哨"科普动漫设计为例[J].上海理工大学学报（社会科学版），2023，45（S1）：61—67.

第六章

非遗美育文化融入高校思政教育存在的问题及原因

通过问卷调查和访谈调查发现，当前非遗美育文化融入高校思政教育取得了较好的成果。但是调查也显示，当前这项工作存在一些不足。深入分析这些不足，并找出其生成原因，是进一步做好非遗美育文化与高校思政教育融合工作的前提和基础。

一、非遗美育文化融入高校思政教育存在的问题

（一）教师教学动力和学生学习动力不足

在非遗美育文化融入高校思政教育的过程中，教师教学动力不足和学生学习动力不足是一个普遍存在的问题[①]。这一问题与非遗美育文化自身的特点有关，也与高校教师和学生对待非遗美育文化的态度有关。

非遗美育文化，作为我国深厚历史与丰富文化的重要载体，其价值远超过艺术和审美所能涵盖的范围。它承载着民族文化的传承，担当着社会教化的角色，更是道德建设的重要支柱。这种文化所蕴含的深意，使得每一个中华儿女都有责任和义务去传承和发扬[②]。但是，在将非遗美育文化融入思政教育的过程中，我们明显感受到教师和学生的动力不足。非遗美育文化的深厚与丰富，意味着教师在教授时必须具备相应的文化素养和教学能力，如果教师自己都对这种文化一知半解，那么他们在课堂上就很难做到深入浅出，将非遗美育文化与思政教育完美结合。而现实中，很多教师确实因为种种原因，对这种文化的研究不够深入，导致他们在授课时只能停留在表面，难以真正发挥非遗美育文化的内在价值。再者，非遗美育文化有着鲜明的个性和地域特色，这使得它在融入高校思政教育时需要采用更为细致和入微的方式，而目前很多高校的做法，往往只是将它作为文化背景进行简单的介绍，或者作为一个教学案例来讲解。这种方式虽然在一定程度上

① 卢长彤.新时代高校美育的内涵、问题及路径研究[J].美术教育研究，2023（01）：97—99.

② 徐梦婕.数字时代新文科背景下的美育：内涵、挑战及路径建设[J].高教探索，2023（04）：114—121.

可以增加课堂的生动性和趣味性，但却忽略了非遗美育文化背后所承载的深厚内涵和它的教育价值。

高校教师对于非遗美育文化融入高校思政教育存在教学动力不足的问题，教师在将非遗美育文化融入思政教育过程中缺乏积极性和主动性，不能很好地将其与思政教育内容有机结合，影响教学质量和效果。教师对非遗美育文化存在认知和理解不足[①]。非遗美育文化是中华优秀传统文化的重要组成部分，具有深厚的历史底蕴和丰富的文化内涵。然而，一些教师缺乏对其文化内涵和价值的认知和理解，导致教师在将其融入思政教育时，难以充分发挥其教育价值和作用，也难以引起学生的兴趣和共鸣。教师对非遗美育文化的认知和理解不足，还可能影响教师对非遗美育文化教育的重视程度，从而影响他们将非遗美育文化融入思政教育的动力。同时，教师缺乏相关的教学资源和手段。非遗美育文化具有鲜明的个性和特色，需要采用适合的方式和手段将其融入高校思政教育。然而，一些教师缺乏相关的教学资源和手段，难以创新教学方式和方法，从而影响了教学质量和效果。教师缺乏相关的教学资源和手段，可能是由于学校缺乏对非遗美育文化教育的投入和支持，或者教师缺乏相关的教学技能和经验。无论是哪种情况，都会影响教师将非遗美育文化融入思政教育的动力和积极性。

大学生对非遗美育文化融入高校思政教育的学习动力不足。大学生在面对非遗美育文化融入思政教育课程时，缺乏学习的主动性和积极性，不能很好地理解和掌握非遗美育文化的内涵和价值。在对高校领导和教师的访谈中，教师也有提到学生观念与认知的差异也是非遗美育融入高校思政教育的挑战之一。部分学生对传统文化和非遗美育可能存在认知偏差或对其不感兴趣，他们更倾向于现代化的学科和文化形式。一方面，大学生缺乏对非遗美育文化的认知和理解。非遗美育文化是中华优秀传统文化的重要组成部分，具有深厚的历史底蕴和丰富的文化

---

① 李红.广绣学校教育传承研究[J].重庆文理学院学报（社会科学版），2021，40（01）：45—55.

内涵①。然而，一些大学生对非遗美育文化的认知和理解不足，缺乏对其文化内涵和价值的认知和理解。这导致大学生在面对非遗美育文化融入思政教育课程时，难以产生情感上的共鸣和认同感，也难以理解非遗美育文化对个人和社会的重要性。另一方面，大学生缺乏有效的学习方式和手段。非遗美育文化具有鲜明的个性和特色，需要采用适合的方式和手段进行学习。然而，一些大学生缺乏有效的学习方式和手段，难以激发学习的兴趣和热情。一些大学生可能只是简单地阅读教材或听取教师讲解，而缺乏主动探索和实践的机会，导致学习效果不佳。另一方面，一些学生的功利心态严重，他们更关注与就业相关的知识和技能的学习，而对于非遗美育文化这样的课程则缺乏兴趣和热情。随着社会的发展和竞争的加剧，大学生面临着越来越大的就业压力。为了能够在毕业后顺利找到工作，他们更倾向于选择那些与就业直接相关的课程进行学习，而对于那些看似与就业无关的课程则缺乏兴趣和热情。非遗美育文化作为一门相对新兴的学科，其与就业的联系并不明显，因此一些学生对其重视程度不够，对非遗美育文化的认识仅停留在表面，对其重要性和价值缺乏深入的了解和认识。在这种情况下，学生自然难以对非遗美育课程产生兴趣和热情。

（二）非遗美育文化融入高校思政教育的课程设置和教学内容较少

调查问卷显示，学生对非遗美育文化有着比较强烈的学习欲望，但是对非遗美育文化的认识和学习又比较匮乏，这一现象主要与非遗美育文化融入高校思政教育的课程设置和教学内容较少有关。非遗美育文化融入高校思政教育的课程设置和教学内容相对较少，这在一定程度上影响了非遗美育文化在高校思政教育中的融入效果。

大学生对非遗美育文化认识的缺失主要源于学校缺少相关课程的安排。当前大学开设的涉及非遗美育文化融入思政教育的课程较少，学校普遍存在着对非遗美育文化教育的不足，导致学生们对这一宝贵的文化遗产了解甚少。高校思政课

---

① 罗诗妍，张雅.广绣非遗文化融合高校美育的传承与创新[J].美术教育研究，2023（22）：60—62.

程在设置上普遍偏向于传统的思政教育内容，而非遗美育文化相关内容往往被边缘化。这种状况导致非遗美育文化未能得到应有的关注和讲解，无法为学生提供系统、全面了解非遗美育文化的机会。非遗美育文化作为中华优秀传统文化的重要组成部分，蕴含着丰富的历史、文化和艺术价值。然而，由于高校思政课程设置的问题，学生难以接触到非遗美育文化相关的内容。这不仅限制了学生对非遗文化的了解和认识，也阻碍了他们在非遗领域的发展和创造力的培养。另外，高校关于非遗美育文化的宣传和实践活动也较少，活动不够丰富，这导致了学生们对非遗文化的了解不够充分。首先，学校在宣传非遗美育文化方面存在明显的不足。非遗文化作为中华优秀传统文化的重要组成部分，具有深远的历史渊源和独特的艺术魅力。然而，学校在宣传非遗文化时，往往没有充分展现其价值和魅力，导致学生们对其重要性和独特性的认知非常有限①。这种情况主要表现为学校对非遗文化缺乏的足够重视，没有对其进行深入的宣传和推广，导致学生们对非遗文化的了解仅停留在表面层次。其次，学校的非遗文化实践活动相对较少，活动的丰富性和多样性不足。非遗文化实践性很强，需要通过亲身参与和实践来体验其独特的魅力。然而，目前很多学校提供的非遗实践活动相对有限，学生们缺乏亲身参与和体验非遗美育文化的机会。这种情况主要表现为学校缺乏组织非遗实践活动的能力和资源，无法为学生提供充足的实践机会，同时也缺乏对实践活动的有效组织和指导。这些问题的存在，不仅限制了学生们对非遗文化的了解和认识，也阻碍了他们在非遗领域的发展和创造力的培养。

非遗美育文化融入高校思政教育存在教学方式单一和教育内容较少的问题。高校非遗美育的教学方法过于单一，缺乏创新性和互动性。目前，非遗美育文化融入高校思政教育的教学方式主要是传统的课程讲授。这种方式虽然在一定程度上可以让学生了解到非遗美育文化的相关知识，但它的效果却非常有限。传统的课程讲授往往注重知识的传递，而非遗美育文化是一种实践性、体验性很强的文

---

① 汪凌峰，万赛罗."互联网+"背景下高等学历继续教育美育课程建设——以安徽继续教育网络园区为例[J].安徽开放大学学报，2022（02）：38—42.

化，仅仅通过课堂讲授很难让学生真正理解和掌握它的精髓[1]。传统的课程讲授也很难激发学生的思考能力和想象力。非遗美育文化是一种充满创造性和独特性的文化，需要学生具备一定的思考能力和想象力才能真正理解和欣赏它的魅力。然而，传统的课程讲授往往只是单向的知识传递，缺乏互动性和学生的参与，无法有效激发学生的思考能力和想象力。传统的课程讲授也无法充分激发学生的学习积极主动性。非遗美育文化是一种非常有趣且富有吸引力的文化，如果教学方法得当，可以很好地激发学生的学习兴趣和热情。然而，由于传统的课程讲授缺乏互动性和学生的参与，往往会使学习变得枯燥无味，无法充分激发学生的学习兴趣和热情。

在非遗美育文化与高校思政教育的融合过程中，不仅教学方法缺乏多样性，教育内容也主要局限于传统的非遗美育文化形式和思政教育的常规内容[2]。当前非遗美育文化的教育内容在融入思政教育时，存在与时代需求和发展脱节的问题。一些高校在思政教育中融入非遗美育文化时，往往只是简单地将其作为一种文化现象进行介绍，缺乏对其历史渊源、文化内涵和社会价值的深入挖掘和分析。非遗美育文化作为中华优秀传统文化的重要组成部分，具有深远的历史渊源和独特的艺术魅力。然而，现有的教育内容主要停留在传统的非遗美育形式和思政教育的基本常识上，未能与时代的需求和发展相结合。随着社会的快速变化和发展，学生所面临的问题和挑战也在不断变化，他们不仅需要了解和掌握传统的非遗美育文化形式，还需要理解非遗美育文化在现代社会中的价值和作用。传统的非遗美育文化形式固然重要，但学生更需要了解的是如何在现代社会中应用和发展这些传统艺术形式。此外，学生们还需要学会如何将非遗美育文化与现代艺术、科技等领域相结合，以创造出更具时代感和实用性的作品。然而，现有的教育内容往往只关注于传统艺术形式的学习和理解，却未能与时代背景和学生的实际需求紧密结合。这样的教育内容不仅缺乏现实意义和实用性，也难以引起学生的兴趣

① 李文，叶长盛，姜勇彪等.生态文明背景下旅游地学与规划工程专业生态美育教学模式探索与实践[J].东华理工大学学报（社会科学版），2022，41（01）：79—82.

② 光明日报评论员.努力构建德智体美劳全面培养的教育体系[N].光明日报，2018-09-14，（1）.

和热情。

（三）非遗美育文化融入高校思政教育的资源匮乏与支持不足

非遗美育文化是一种蕴含丰富历史和文化内涵的教育形式，它强调通过传承和弘扬非物质文化遗产，培养学生的审美情趣和人文素养。然而，在将非遗美育文化融入高校思政教育的实践中，却面临着资源匮乏和支持不足的严峻挑战。这一问题具体体现在多个方面，给非遗美育文化在思政教育中的融入带来了严峻的挑战。非遗美育文化融入高校思政教育的资源支持主要包括政策支持、资金支持、教学设施和教学资源和组织支持等内容。

政策支持对于非遗美育文化融入高校思政教育具有至关重要的作用[①]，当前非遗美育文化融入高校思政教育中的政策支持不足主要表现为以下几个方面：第一，缺乏明确的政策导向。目前，尽管一些高校已经意识到非遗美育文化在思政教育中的重要性，并开始尝试将其融入教学中，但总体上，针对非遗美育文化融入高校思政教育的政策支持仍然缺乏明确的方向和导向。这种模糊性导致高校在实施政策过程中缺乏明确的目标和路径，无法有效地将非遗美育文化融入思政教育中。第二，政策执行力不足。尽管在国家政策文件中提及了非遗美育文化的重要性，但这些政策往往缺乏具体的实施方案和细则，导致政策执行力不足[②]。此外，由于各高校对政策的解读和执行力度不同，也使得非遗美育文化在高校思政教育中的融入存在差异。一些高校可能由于缺乏对政策的深入理解和有效执行措施，导致非遗美育文化的融入效果不佳。第三，缺乏持续性的政策支持。非遗美育文化的融入需要长期的、持续性的政策支持。然而，一些政策往往只关注短期效果，缺乏对非遗美育文化长期发展的规划和持续性的政策支持。这导致非遗美育文化的推进往往处于停滞状态，无法得到持续性的发展。第四，政策与高校实际需求脱节。在非遗美育文化融入高校思政教育的过程中，政策与高校的实际需

---

① 王一川.大学美育[M].北京：北京师范大学出版社，2021：171.

② 刘志军，张红霞，王洪席等.新高考背景下综合素质评价的意蕴、实施与应用[J].华东师范大学学报（教育科学版），2018，36（03）：57—68+168.

求脱节的现象较为普遍。政策的制定往往没有充分考虑到高校的实际情况和需求，导致政策的实施效果不佳。另外，由于高校间的差异性和发展水平的不同，政策制定也需要考虑到不同高校的实际情况，以确保政策的针对性和有效性。

资金不足也是制约非遗美育文化融入思政教育的重要因素之一。开展非遗美育教育需要一定的经费支持，用于培训、教育活动和相关项目的开展。然而，由于资金有限，高校往往无法提供充足的经费支持，这限制了项目的规模和质量。资金支持不足对非遗美育文化融入高校思政教育产生的影响主要表现在以下几个方面：首先，缺乏资金支持使得非遗美育文化相关课程的开发和开设受到限制。非遗美育文化的融入需要高校投入一定的资金来支持课程的开发、教学设备的购置以及教学资源的整合。由于资金不足，高校往往无法提供充足的经费来支持非遗美育课程的开发和开设，导致课程数量和质量无法满足学生的需求。其次，资金不足也影响了非遗美育文化在思政教育中的宣传和推广。为了提高非遗美育文化的知名度和影响力，高校需要开展一系列宣传活动，如举办展览、演出、讲座等。这些活动的组织和实施需要一定的资金支持，而资金短缺使得高校无法开展有效的宣传活动，从而影响了非遗美育文化的传播和推广。此外，资金不足还限制了非遗美育文化教育资源的整合和利用。非遗美育文化的融入需要大量的教育资源，如教材、教具、教学案例等。由于资金不足，高校无法购买足够的教材和教具，也无法开发出更多优质的教学案例，这使得学生在学习过程中缺乏有效的资源支持，从而影响了学习效果。

非遗美育文化融入高校思政教育不佳的原因之一是教学设施和教学资源的不足。缺乏教材和教学资源，教师难以有效地将非遗美育文化融入思政课堂。同时，设施和器材的欠缺也限制了学生的学习体验和实践机会。在问卷调查中，我们发现非遗美育文化与思政课堂的融合情况并不理想。主要原因包括师资力量不足、教师培训欠缺、思政教育考试导向和知识导向，以及缺乏必要的资源和支持。由于教师缺乏相关的知识和技能，他们难以将非遗美育文化有效地融入思政课堂，而考试导向和知识导向的教育环境也限制了教师将非传统教育内容融入课堂的意愿和能力。此外，由于教材编写不足、设施匮乏和专业指导不足等问题，非遗美育文化与思政课堂的融合受到了限制。在访谈中，教师们普遍认为师资培养和教材资源的不足是实践中的主要挑战。由于缺乏专业的非遗美育教师队伍和针对非遗美育与思政教育融合的教材资源，教师在实践中面临着巨大的困难。同时，教师们也指出了教学方法和评估方式需要适应非遗美育的特点和需求，注重实践和体验环节，并调整评估方式以更好地评价学生的实际能力。

　　组织支持不足也是非遗美育文化融入高校思政教育不佳的重要原因之一。高校作为一个复杂的组织系统，需要各个部门和人员的协同合作才能有效地推进非遗美育文化融入思政教育。然而，由于组织支持不足，这种融合面临着许多困难和挑战。首先，组织领导和支持的缺乏是导致非遗美育文化融入高校思政教育不佳的关键因素之一。高校领导层对于非遗美育文化的重视程度和支持力度直接影响该文化在思政教育中的融入效果。如果领导层没有意识到非遗美育文化的重要性，或者缺乏对该文化融入思政教育的支持和推动，就会导致该文化的融入进展缓慢或效果不佳。其次，组织沟通和协调的不足也影响非遗美育文化融入思政教育的效果。高校内部各个部门之间需要良好的沟通和协调才能有效地推进非遗美育文化融入思政教育。然而，由于组织沟通和协调的不足，各个部门之间往往存在信息不对称、合作不顺畅的情况，这使得非遗美育文化的融入过程变得困难和低效。此外，组织培训和能力建设的不足也是非遗美育文化融入高校思政教育不佳的原因之一。非遗美育文化的融入需要教师具备相关的知识和技能，需要对学生进行针对性的培训和能力建设。然而，由于组织培训和能力建设的不足，教师往往缺乏相关的专业知识和技能，这使得他们难以有效地将非遗美育文化融入思政教育中。

（四）非遗美育文化融入高校思政教育的系统性和深度不够

　　非遗美育文化的融入高校思政教育是一项复杂而重要的任务，需要系统性和深度的支持和投入。加强非遗美育文化融入高校思政教育的系统性和深度具有重要意义。一方面，通过加强非遗美育文化融入高校思政教育的系统性和深度，可以让学生更深入地了解和认识非遗美育文化，激发他们对传统文化的热爱和自信，从而促进非遗美育文化的传承和发展。另一方面，有助于提高思政教育的质量和效果，非遗美育文化融入高校思政教育可以丰富教育内容，拓展教育形式，使教育更具有趣味性和吸引力。同时，非遗美育文化所蕴含的优秀传统文化和价值观念可以引导学生树立正确的世界观、人生观和价值观，提高他们的思想道德素质和人文素养，从而有助于提高思政教育的质量和效果。但目前，非遗美育文化融入高校思政教育的系统性和深度存在一定问题。缺乏系统性和深度的非遗美育文化融入高校思政教育可能会产生一系列不利的影响。学生可能只接触到非遗美育文化的表面内容，无法真正体验其丰富的内涵和独特的价值，无法培养学生对非遗美育文化的综合和深入理解，导致学生对非遗美育文化的学习效果不佳，无法在思政教育中发挥其应有的作用和价值。

首先，教学内容是高校思政教育中非遗美育文化融入的核心部分，其组织和安排的系统性和深度对于学生的学习效果和思政教育的目标实现具有至关重要的作用。然而，当前高校在教学内容的组织和安排上存在着一些问题，导致非遗美育文化融入的深度和效果不尽如人意①。一方面，一些高校在教学内容的组织上缺乏系统性，没有根据非遗美育文化的特点和规律进行科学合理的安排。这导致课程设置零散，缺乏整体设计和规划，使得学生难以形成对非遗美育文化的全面认识。同时，由于缺乏深度，教学内容往往只停留在表面的技艺展示和历史事件介绍上，没有深入挖掘非遗美育文化所蕴含的民族文化内涵和价值观念，无法引导学生对其深入理解和思考。另一方面，教学内容安排的深度不足也是影响非遗美育文化融入效果的重要因素之一。非遗美育文化是一个具有丰富历史底蕴和独特审美价值的文化体系，需要教师通过多种途径和方式引导学生进行深入的学习和探索。然而，一些高校在教学内容的安排上缺乏深度，导致教学方法单一、过程简单，无法有效地引导学生对非遗美育文化进行深入的思考和体验。这种浅尝辄止的教学方式不仅无法达到思政教育的目的，也可能误导学生对非遗美育文化的理解和认识。

---

① 郑鹏.小学非遗美育课程建构的实践与思考[J].江苏教育研究，2023（18）：29—32.

其次，教学方法和教学过程的设计系统性和深度不足。非遗美育文化不仅是一种传统文化，更是一种具有独特审美体验和思想内涵的文化形态。它涉及到的问题不仅是技艺和知识，更包含了历史、社会、文化、哲学等多个领域的深刻内涵。因此，教学方法和教学过程的设计必须具有系统性和深度，才能引导学生进行深入的思考和体验。然而，在实际教学中，一些教师可能只注重技艺的传授和知识的讲解，而忽略了非遗美育文化的内在逻辑和思想深度。他们可能只是简单地展示一些技艺或历史故事，而没有引导学生去深入思考这些技艺或故事背后的文化内涵和价值观念。这样的教学方法和教学过程无法真正体现非遗美育文化的内涵和价值，也难以激发学生对非遗美育文化的浓厚兴趣和热情。

此外，教师培训和支持方面的系统性和深度不足也是导致非遗美育文化融入高校思政教育效果不佳的原因之一[①]。非遗美育文化融入思政教育需要教师具备相关的专业知识和教学技巧，同时还需要深入理解非遗美育文化的内涵和价值。然而，由于一些教师可能缺乏对非遗美育文化的了解和认识，无法将其有效地融入到思政教育中。第一，缺乏对非遗美育文化的深入理解和认识。由于非遗美育文化具有深厚的历史底蕴和独特的文化内涵，教师需要具备相关的专业知识才能将其有效地融入到思政教育中。然而，一些教师可能缺乏对非遗美育文化的深入了解和认识，无法将其与思政教育有效地结合起来。第二，缺乏必要的教学技巧和经验。非遗美育文化的融入需要教师具备相应的教学技巧和经验，才能引导学生进行深入的思考和体验。然而，一些教师可能在教学技巧和经验方面存在不足，无法有效地引导学生进行深入的思考和体验，从而使非遗美育文化的融入过程变得肤浅和表面化。第三，无法有效地将非遗美育文化与思政教育结合起来。非遗美育文化的融入需要教师将其与思政教育有效地结合起来，才能达到良好的效果。然而，由于一些教师缺乏对非遗美育文化的深入了解和认识，无法将其与思政教育有效地结合起来，导致非遗美育文化的融入效果不佳。这些问题不仅影响了非遗美育文化在高校思政教育中的融入效果，也影响了学生对非遗美育文化的

① 张雄，毛玲.非物质文化遗产融入高职院校美育的价值与存在问题探究[J].深圳信息职业技术学院学报，2023，21（04）：20—26.

认知和理解。

二、非遗美育文化融入高校思政教育存在问题的原因

（一）对非遗美育文化融入高校思政课堂思想的认识不足

1.学校对非遗美育文化融入高校思政课堂思想认识不足

高校在人才培养方面发挥着至关重要的作用。它们不仅通过系统的教学计划和课程设置传授给学生广泛而深入的知识和技能，还注重培养学生的综合素质，包括独立思考、创新思维、人际交往、团队合作等方面的能力。高校在文化传承与创新上具有重要的作用。它们不仅是优秀文化传承的重要载体和思想文化创新的重要源泉，也是推动社会主义文化大发展大繁荣、建设社会主义文化强国的伟大事业中不可或缺的力量。首先，高校通过传承优秀文化，为学生提供丰富的文化底蕴和思想基础。让学生了解和继承优秀的传统文化，同时不断推进文化传承创新[①]。其次，高校是思想文化创新的重要基地。它们鼓励师生进行学术研究和艺术创作，推动理论创新和艺术创新，为社会提供新的思想和文化成果。最后，高校也积极开展文化交流与合作，推动中华优秀传统文化走向世界，增强中华文化的国际影响力。然而，目前高校领导对非遗美育文化融入思政教育不够重视，存在一些问题和困难，需要引起关注和改进。

非遗美育文化不仅是一种传统的民间艺术，也是一种富有生命力和创造力的文化资源，对于高校思政教育具有重要的意义和价值。高校领导对非遗美育文化的内涵和价值没有得到充分认识和重视[②]。一些高校领导对非遗美育文化的概念、特征、功能和意义缺乏深入的理解，认为非遗美育文化只是一种传统的民间艺术，与现代教育和思政教育没有必然的联系，也没有积极探索非遗美育文化在思

---

① 刘睿姝，岳凤.高校美育的价值意义与实践途径[J].黑龙江教育（理论与实践），2017（06）：56—57.

② 丁永祥.高校非物质文化遗产教育论略[J].河南师范大学学报（哲学社会科学版），2011（3）：251.

政教育中的作用和价值。事实上，非遗美育文化是一种承载着中华民族的历史、文化、思想和价值的文化遗产，它可以通过美的感染和启迪，激发学生的民族自豪感和文化自信，增强学生的文化认同和责任感，培养学生的爱国主义和社会主义核心价值观。非遗美育文化也是一种具有创新性和多样性的文化表达，它可以通过美的创造和表达，培养学生的创新能力和创造力，拓展学生的思维和视野，促进学生的个性和才能的发展。

2.教师对非遗美育文化融入高校思政课堂思想认识不足

教师对非遗美育文化融入思政教育不重视主要是对非遗美育文化的缺乏深入的理解和认识。非遗美育文化是指以非物质文化遗产为载体，通过美的感受、创造和表达，培养人的审美能力和素养的教育活动。非遗美育文化不仅是一种传统的民间艺术，也是一种富有生命力和创造力的文化资源，对于高校思政教育具有重要的意义和价值。然而，一些教师对非遗美育文化的概念、特征、功能和意义缺乏深入的理解，认为非遗美育文化只是一种传统的民间艺术，与现代教育和思政教育没有必然的联系，也没有积极探索非遗美育文化在思政教育中的作用和价值。这种认识上的误区，导致教师对非遗美育文化的教育价值和意义缺乏充分的重视，也影响了教师对非遗美育文化的教学热情和投入。

教师是学生学习生涯中不可或缺的重要角色。他们不仅传授知识，还引导学生探索学科领域、激发兴趣、培养能力和塑造价值观。教师通过生动的教学方法和实践活动，鼓励学生独立思考，培养批判性思维，帮助学生形成自己的观点和见解。同时，他们还提供职业指导和营造良好的学习环境，帮助学生规划学习路径和未来的职业发展。教师的辛勤工作和付出，为学生打下了坚实的基础，帮助他们成为有知识、有能力、有责任感的人。正因为教师在学生教育工作中的地位如此重要，所以在非遗美育文化中只有教师认识到非遗美育文化的重要性，才能更好地调动学生对非遗美育文化的学习兴趣。

3.学生对非遗美育文化融入高校思政课堂思想认识不足

非遗美育是以非遗为载体，以审美教育为目的，以美育理论为指导，以美育实践为手段，培养学生的审美能力和创新精神的教育活动。然而，当前我国的非遗美育面临着一些困境和挑战，学生对非遗美育文化不重视的现象较为普遍。

首先，一些家长对青少年美育的认识存在误区，将美育窄化为艺术技能、艺术学科的学习，而忽视了非遗文化的审美教育价值。他们认为美育只是为了提高学生的艺术成绩，或者为了增加学生的特长，而不是为了培养学生的审美情趣和人文素养。这种观念的影响下，家长往往不支持或者不鼓励学生参与非遗美育活动，有的家长甚至认为非遗文化是落后的、过时的，不利于学生的成长。

其次，部分艺术类培训机构为了商业利益，把艺术培训和考级考证挂钩，导致学生陷入频繁参加艺术表演比赛的"怪圈"中，而对真正陶冶艺术情操的非遗文化展览、音乐会、戏剧等不感兴趣。这些培训机构过分强调艺术技能的训练，而忽略了艺术的内涵和魅力，使得学生的美育变成了一种功利的手段，而不是一种享受的过程。这种情况下，学生对非遗文化的认识和理解很浅，对非遗文化的欣赏和创造缺乏兴趣和动力。

再次，高校美育的课程设置不够合理，师资队伍短缺，美育活动参与面小，教育教学质量低，评价机制不健全，单一化、平面化、文本化的教学体系影响了美育效果。目前，高校美育的非遗课程往往只是作为选修课或者通识课开设，课时少，内容多，难以深入教学。同时，高校美育的师资队伍也存在不足，缺乏专业的非遗美育教师，或者非遗美育教师的水平不高，难以有效地传授非遗文化的知识和技能。此外，高校美育的活动也不够丰富多彩，参与的学生不多，缺乏有效的激励和监督机制，导致美育的实践效果不佳。更重要的是，高校美育的教学体系还没有形成多元化、立体化、情境化的特色，过分依赖于课堂教学和教材教辅，忽视了非遗文化的生动性和感染力。

最后，高校美育的非遗活动仍以校园内的宣传展示性活动为主，注重表面形式而遮蔽了非遗文化与原生环境的依存关系，难以激发其深层次的审美教育活力。高校美育的非遗研究尚未形成完整的学科体系，缺乏有力的学术支撑，非遗美育的基础理论研究不足。高校美育的非遗田野考察不够深入，没有充分利用本土资源和社会实践的机会，让学生亲身感知非遗之美，结合第一课堂拓展田野考察的深度和广度。

（二）非遗美育融入高校思政教育的教育体系不完善

通过访谈结果分析，非遗美育文化融入高校思政教育还面临诸多挑战。在访谈中，教师们不约而同提到了师资培养的问题，而上一节也主要提到了缺乏教材和教学资源的问题。导致这些问题出现的原因是非遗美育文化融入高校思政教育的体系不完善。如果教育体系存在问题，各高校在实践中可能存在不同的理解和做法，导致实际操作的不协调和不一致。以下是非遗美育与高校思政教育互融路径中教育体系不完善导致的问题。

1.教学设施不完善

非遗美育与高校思政教育的融合是一项具有重要意义的任务，旨在传承和弘扬中华优秀传统文化，培养学生的文化素养和思想品质。然而，当前在融入高校思政教育过程中，面临着教学设施不完善的问题，这不仅影响了非遗美育的有效实施，也制约了高校思政教育的全面发展。非遗美育是指通过传统的非物质文化遗产（非遗）项目，如传统音乐、舞蹈、戏剧、手工艺等，来进行美育教育。为了有效地进行非遗美育教学，需要一些必要的教学设施支持。

第一，非遗传承基地。建立非遗传承基地，为学生提供实际的学习环境。这些基地可以是传统工坊、工艺品展示中心、文化遗址等。它们可以用来展示和传授非遗技艺，提供学生进行实践和体验的机会。设立传统工坊是为学生提供实际动手操作的机会，让他们亲身体验非遗技艺的制作过程。这些工坊可以包括传统的手工艺制作、纺织、陶艺等，为学生创造一个真实的工艺制作环境。学生可以通过亲自动手，更深入地理解非遗技艺的精髓，提高实际操作的技能水平。建立工艺品展示中心可以为学生提供展示成果的平台，同时吸引更多人了解和欣赏非遗技艺。在这个中心，学生可以展示他们的作品，与观众互动，传递非遗文化的独特价值。展示中心还可以作为非遗传承的展示窗口，让更多人了解非遗的魅力。利用文化遗址作为非遗传承基地，可以使学生更深刻地感受到非遗技艺的历史渊源和文化底蕴。这些遗址可以包括传统的手工业作坊、古老的工艺制作场所等，为学生提供一个历史悠久的学习环境。学生可以通过实地参观和实践，更好地理解非遗技艺的文化内涵。在非遗传承基地中设立培训中心，提供专业的非遗技艺培训，为学生提供系统化、全面的学习体验。培训中心可以邀请有经验的非遗传承人作为导师，在传授技艺的同时，传递相关的文化和价值观念。这有助于培养学生对非遗文化的深刻理解，激发他们对传统文化的热爱和责任感。

第二，特定的教学设备。非遗美育的教学需要提供教学材料和工具。这包括传统乐器、舞蹈服装、纸张、颜料、工艺品制作工具等。教师可以使用这些材料和工具进行导览、演示和实践活动。提供传统乐器，如古筝、琵琶、二胡等，以便学生学习和演奏传统音乐。可以通过提供学生使用这些乐器的机会，组织音乐表演和演奏活动，来传承和弘扬非物质文化遗产中的音乐传统。为学生提供传统舞蹈所需的服装，以便在学习中更好地体验和展示传统舞蹈。舞蹈服装的使用可以激发学生对传统舞蹈艺术的兴趣，并有助于理解舞蹈与文化的紧密联系。为绘画和书法等视觉艺术的学习提供纸张和颜料，这样的材料可以用于传统绘画技艺的实践，让学生了解和体验传统绘画艺术的魅力。通过提供这些教学设备和材料，高校可以为非遗美育与思政教育提供更为丰富和实践性的教学环境，促使学生更好地理解、传承和发展非物质文化遗产。

第三，技术设备。首先，信息技术在非遗美育中的应用包括了多个方面，例如数字化展示、在线教学、远程合作等。然而，由于一些高校的信息技术支持不足，教学设备滞后，未能提供先进的硬件设施和软件平台，使得非遗美育课程无法充分发挥信息技术在教学中的优势。这直接影响了学生对传统文化的深度理解和参与程度。其次，一些高校在网络平台的建设上滞后。在线学习和远程合作已经成为当今教育的趋势，而非遗美育作为一门融合传统文化的课程也应该紧跟潮流，提供多样化的学习方式。传统的非遗项目往往依赖于实物展示和实地体验，但通过信息技术，可以将这些传统文化数字化呈现，使之更好地融入现代教育。然而，由于缺乏信息技术支持，一些高校无法有效地进行非遗美育的数字化展示，限制了学生对传统文化的全面认知。

　　第四，图书馆和档案资料库。在非遗美育与思政教育融合的背景下，建立一个馆藏丰富的图书馆和档案资料库是非常重要的，图书馆可以收集与非遗美育相关的书籍、研究论文、音乐和舞蹈录像等，它可以成为学生和教师深入研究和学习非物质文化遗产的重要资源。收集关于非物质文化遗产、传统艺术、文化人类学等方面的书籍。这些书籍可以包括理论研究、历史文献、实践指南等，为学生提供全面的非遗知识。汇集关于非遗美育的研究论文，包括学术期刊上发表的相关文章，以及硕博士论文。这有助于学术界对非遗美育的深入研究，并为学生提供可靠的学术参考资料。收集传统音乐和舞蹈的录像资料，以便学生在视听上更全面地体验传统艺术形式。这可以作为课堂教学的辅助材料，也可以激发学生对传统音乐和舞蹈的兴趣。这些资源可以供教师和学生参考和研究，拓展他们对非遗的了解和欣赏。

　　第五，演出场所和展示空间。演出场所和展示空间的不足是高校在非遗美育与思政教育融合中面临的一个显著问题。提供适当的演出场所和展示空间对于学生展示他们学到的非遗技艺以及促进传统文化的传承至关重要。首先，许多传统的非遗项目，如民间音乐、舞蹈、手工艺等，需要专门的场地进行演出和展示。然而，由于高校在校园规划中更加注重传统学科的建设，对于非遗美育的演出场所和展示空间规划相对较少，导致了非遗美育课程的实施受到了制约。学生难以找到合适的地方展示他们所学到的非遗技艺，这对于他们实践和展示的需求构成了一定的障碍。其次，缺乏适当的演出场所和展示空间也影响了学生对非遗技艺的实际运用和体验。非遗项目的传承通常需要通过演出、展览等形式来实现，这有助于学生更深入地理解传统文化的内涵。然而，由于演出场所和展示空间的不足，学生的实际演出和展示机会有限，使得他们难以将所学到的非遗技艺转化为实际的演练和表演，从而影响对非遗传统文化的深入理解。第三，适当的演出场所和展示空间对于与社区互动和传播非遗文化同样至关重要。学生通过在社区进行演出、展览等活动，能够向公众传递非遗文化的独特魅力，促进社区文化的交流与融合。然而，由于演出场所和展示空间的不足，学生的社区参与机会受到限制，使得非遗传统文化的传播面临一定的困难。

这些教学设施的支持可以为非遗美育带来更好的教学效果。它们提供了实践与体验的机会，帮助学生全面了解和学习非遗，培养他们对传统文化的热爱和保护意识。同时，这些设施也有助于向公众传播非遗文化，促进社会对传统文化的认知和关注。然而，如果教学设施有限，可能难以提供跨学科的教学环境和资源，限制了学生深入理解和探讨非遗与思政的关联性。

2.教学资源较匮乏

非遗美育融入高校思政教育需要丰富的教学资源。例如师资力量、非遗文化相关资料和教材、数字化教育资源等。

第一，非遗美育师资培养问题。中国非物质文化遗产丰富多样，各地区的非遗文化传承与保护需求不同。培养非遗美育师资需要关注地域特色和文化差异，因此需要进行有针对性的培养和教育，但由于地域分布广泛和非遗项目的多样性，为全面培养具备非遗美育能力的师资队伍提供均衡和统一的培养路径存在困难。非遗传承和非遗美育是两个领域的交叉，很多传统非遗技艺的传承人更多关注技艺本身的传承，缺乏艺术教育和美育教育的背景，而美育教育的专业教师又很少接触到非遗传承的实践。这导致非遗美育师资队伍的培养面临困难，需要在两个领域之间建立桥梁，使非遗传承人和美育教师能够共同参与非遗美育的培养。如果教师对非遗美育的理解和能力受限，可能会影响两者融合的实施效果。非遗美育师资的培养需要多学科的交叉合作，非遗传承和美育教育的培养需要各种学科的专业知识，包括传统文化、艺术教育、美学、心理学等。这就需要相关学科专家和教育机构之间的合作，搭建起跨学科的培养体系。然而，由于学科之间的壁垒和合作机制的不完善，这种多学科合作往往面临困难。

第二，非遗美育教材资料缺乏的问题。首先，非遗美育教学材料匮乏的原因之一是非物质文化遗产保护和传承的局限性。非物质文化遗产的保护和传承工作在一定程度上受到资源限制和意识形态的影响。在资源受限的情况下，非遗美育教育往往无法得到足够的支持和重视，导致相关的教育资源缺乏。其次，非遗美育教育资源匮乏还与非遗美育的认知度和推广力度不够有关。非遗美育是一项涉及非遗传承和艺术教育的双重任务的教育形式，在公众和教育机构中的认知度相对较低。由于缺乏足够的认知和推广，非遗美育教育资源的开发和提供的力度不够，导致师资培养的资源支持不足。最后，非遗美育的培养需要一套系统的教育体系和专业的培养计划。然而，目前尚缺乏相关的专业教材、教学资源和培养机制。此外，非遗美育师资的培养需要注重实践操作和实践经验的积累，这对培养机构的教学设施和师资水平提出了较高的要求。缺乏健全的教育体系和专业培养机制使得非遗美育师资的培养难度增加。

第三，数字化水平不足。非遗美育融入高校思政教育缺乏数字化的教育资源，如视频、在线课程、互动教材等，使得非遗美育的教学内容相对单一[①]。首先，高校思政教育往往依赖传统的课堂教学方式，而缺乏数字化的教育资源使得非遗美育内容的传播受到限制。传统的教学模式难以充分展现非遗美育的丰富性和多样性，因为它更强调口头传统和实践经验。其次，非遗美育的教学需要更多的互动和实践，以培养学生的实际技能。缺乏数字化的教育资源，如互动教材和在线课程，使得学生无法在虚拟环境中积极参与，难以深入理解和体验非遗文化的魅力。最后，非遗美育强调学生的实践参与，但传统的教学方法难以激发学生的积极性。数字化的教育资源，如在线课程和多媒体教学，可以更好地吸引学生的注意力，提高他们对非遗美育的兴趣和参与度。

3.资金支持力度不够

非遗美育融入高校思政教育确实需要大量的资金支持，这涉及资源的开发、教学内容的设计、培训师资、设备购置以及项目推广等方面[②]。资金不足可能成为融入非遗美育的障碍，限制了教育内容的多样性和深度。

第一，资源开发与制作成本需要资金。制作数字化课程、教学视频、互动教材等需要专业人才、技术支持和设备投入。这些制作过程中的人力、物力和时间

① 谢文婷.新媒体时代下非遗文化在高校美育教育教学中的应用研究[J].中国报业，2018（20）：38—39.

② 罗吉林，罗旎兮，张立秀.非遗传承视域下学校美育的路径探究[J].基础教育研究，2022（20）：8—10.

成本往往较高，特别是如果要保证质量和专业性，就需要更多的投入。为了确保数字化教育资源的质量，可能需要购买高质量的拍摄设备、编辑软件和其他技术工具。这些设备和技术的购置和维护费用可能是一笔不小的投资。

第二，教师在非遗美育方面的培训和支持也需要资金投入。这包括向教师提供非遗美育相关的培训课程、研讨会以及提供相关教材和教学资源的支持。提供非遗美育专业培训课程，使教师能够深入了解非物质文化遗产、传统手工艺等方面的知识。这些培训可以涵盖理论知识、实践技能、教学方法等，以帮助教师更好地在课堂上传递非遗美育的内容。

第三，非遗美育可能需要特定的场地和设备支持，如工艺品制作的工作室、传统技艺的展示空间等。这些设施和场地的建设和维护同样需要资金投入。

第四，项目推广与活动组织需要资金。将非遗美育融入高校思政教育需要开展各种活动、展览、讲座等，这些活动的组织和推广也需要一定的资金支持。

（三）对非遗美育文化融入高校思政课堂的政策支持不到位

政府可以通过制定相关的法律法规和政策，为非遗传承提供法律保障和资金支持。而在政府推进非遗美育融入高校思政教育的过程中，通常存在财政投入不足、缺少相关法律保障以及缺乏相关教育规定的问题。

1.财政投入不足

如果政府的财政投入不足，高校在推进非遗美育项目时可能面临一系列困难，影响二者融合的质量和深度。

第一，师资培训不足。高校在整合非遗美育项目时需要具备相应知识和技能的教师。如果财政投入不足，可能难以提供充足的培训机会，导致教师对非遗美育的理解和应用水平不够，影响项目的教学效果。

第二，课程开发受限。财政支持不足可能导致高校难以开发符合非遗美育要求的课程。缺乏投入可能限制了教材、教具和其他教学资源的更新和改进，影响非遗美育课程的吸引力和实用性。

第三，活动策划困难。高校在非遗美育项目中通常需要组织一系列实践活动，如展览、演出、实地考察等。财政投入不足可能限制了这些活动的规模和质量，减弱了项目对学生的吸引力。

第四，设施和装备不足。非遗美育可能需要一些特殊的设施和装备，如工作室、实验室等。缺乏财政支持可能使高校难以提供这些必要的场地和工具，制约了项目的可操作性。

2.缺少相关法律保障

第一，地位不明确。缺乏法律法规的支持，非遗美育项目在高校教育中的地位可能不够明确。《中华人民共和国非物质文化遗产法》于2002年颁布，对非物质文化遗产的保护和传承提供了法律基础，但没有明确规定非遗美育，为非遗的保护和传承创造了整体的法律框架。《中华人民共和国教育法》教育法规定了教育的总体目标和基本原则，其中包括了文化教育的内容，但没有专门提到非遗美育，只是为文化教育提供了一般性的法律依据。不同省市可能制定了关于非遗美育的具体规章和政策文件，这些规章可能涉及非遗美育的实施、支持和发展，但目前来说没有针对非遗美育融入高校思政教育的法律。这可能导致项目在学校课程设置、资源分配以及师资培训等方面受到冷遇，缺乏足够的重视和支持。

第二，缺乏规范和指引。法律法规通常为相关领域提供规范和指引，帮助机构明确操作流程、责任分工和项目管理。在非遗美育领域，首先，缺乏相关法规可能使高校在非遗项目开展、评估和监管等方面缺乏明确的指导，增加了不确定性。缺乏明确的法规和指引可能使高校在设计和实施非遗美育项目时感到困扰。不清晰的操作流程和责任分工可能导致项目开展时存在混乱，难以达到预期的效果。其次，缺乏统一的法规和指引可能导致高校在对非遗美育项目进行评估时缺乏明确的标准。这可能导致评估过程的主观性增加，难以公正地评价项目的质量和影响。缺乏相关法规和指引可能使得监管方面存在漏洞。并且，缺乏明确的监管机制可能导致一些非遗美育项目难以及时发现和纠正问题，增加了项目运作的风险。缺乏规范和指引可能导致资源的不合理分配。例如，财政支持、师资培训、教学设施等方面的资源可能无法按照最有效的方式分配，从而影响项目的可持续发展。最后，缺乏法律法规的支持可能使得非遗美育项目难以在高校中取得长期发展。项目的长期稳定性和可持续性可能受到威胁，因为缺乏法规支持的项目容易受到各种变数的影响。

3.缺少相关教育规定

非遗美育在高校思政教育中的地位缺乏明确的法规和规定。思政教育的目标是培养学生的思想道德素养，而非遗美育更注重文化传承和创意发展。缺乏相关规定可能使得高校难以准确把握非遗美育在思政教育中的角色。

第一，思政教育的核心目标是培养学生的思想品德、社会责任感和公民意识。这通常包括对国家、社会、道德规范等方面的理解和认同。思政教育的核心目标是培养学生的思想品德、社会责任感和公民意识，使其具备正确的世界观、人生观和价值观[1]。思政教育侧重于国家、社会、政治、道德等方面的理解和认同，通常包括对国家制度、社会规范、伦理道德等方面的学习。同时强调理论性的教学，包括对各种思想体系、社会理论的学习，注重理论与实践相结合。与此相比，非遗美育更注重文化传承、创意发展以及对传统艺术和手工艺技能的培养。这两者虽然都与教育有关，但目标和方法的不同可能导致在整合时出现困难。非遗美育的核心目标是侧重于文化传承、创意发展以及对传统艺术和手工艺技能的培养，旨在保护和传承传统文化。它的重点包括传统工艺、民间艺术、传统音乐、舞蹈等非物质文化遗产的学习，注重实践和体验，并且强调实践性和体验性的教学，学生通常会参与实际的艺术创作、手工艺制作，以及传统文化活动。

第二，缺乏明确的法规和规定使高校在整合非遗美育时缺乏指导。教育规定通常对课程设置、师资培训、评估体系等方面提供了指导，但如果缺乏对非遗美育的专门规定，高校可能感到在整合这一元素时缺乏支持。在国家或地区层面，缺乏专门为高校非遗美育提供具体指导的法规和规定。通常，教育体系会有一系

---

① 李琳. 山东秧歌的传承趋向与发展策略[D].山东大学，2018.

列法规和规定，涉及课程设置、师资培训、评估体系等方面，但非遗美育并未得到特别的关注。由于法规和规定的不足，高校在整合非遗美育元素时可能感到缺乏指导，这可能导致高校在制定相关课程、培训师资、建立评估体系等方面面临困难，因为缺乏具体的框架和标准。法规和规定的缺失可能使得高校在整合非遗美育时感到缺乏支持，包括政府对项目的资金支持、相关机构的合作以及在整个教育体系中的认可度等方面的支持。

（四）对非遗美育文化融入高校思政课堂的机制建设不健全

非遗保护机制有助于将非物质文化遗产融入教育体系。这种教育能够提供更多元化、全面的学习体验，帮助学生更好地了解和尊重自己的文化传统。机制建设的不健全可能导致非遗传承保护、教师激励和校地协同等方面存在问题。

1.非遗传承保护机制不健全

首先，由于法律和政策框架不足，缺乏全面的法规和政策，无法提供明确的非遗传承保护指导。这可能导致非遗项目在传承过程中面临法律空白和不确定性。其次，资金支持不足。缺乏政府和其他机构的资金支持，可能使得非遗传承者面临经济压力，难以维持传统技艺的传承。最后，社会认可度不足。缺乏社会对非遗价值的认可可能导致传承者感到缺乏动力，也可能导致年轻一代对非遗的兴趣不高。

2.教师考核激励机制不健全

这体现在以下几个方面：首先，绩效评估标准不明确。缺乏明确的非遗教育绩效评估标准，教师可能无法全面展示其在非遗美育方面的贡献。其次，培训和提升机会不足。缺乏提供非遗教育培训和专业发展机会的制度，可能使得教师在非遗领域的专业素养无法得到提升。最后，激励手段单一。若仅仅以传统的考试成绩和学科教学为衡量标准，可能忽略了教师在非遗教育方面的努力和创新。

3.校地协同机制不健全

首先，沟通和合作机制不畅。学校与地方非遗资源部门之间的沟通和合作机制不畅，可能导致资源利用效率低下。其次，课程与实践脱节。学校和当地非遗传承者之间缺乏紧密的联系，可能导致课程内容与实际非遗传承实践脱节。最后，资源共享机制不足。学校与地方非遗资源之间缺乏有效的资源共享机制，可能限制了学生和教师参与实际非遗传承活动的机会。

第七章

促进非遗美育文化融入高校思政教育的路径建构

针对非遗美育文化融入高校思政教育过程中存在的问题，在深入分析其生成原因的基础上，本章从挖掘非遗美育文化中的思政元素、健全融入的运行机制、形成融入的多元主体协作、营造良好的环境氛围、优化相关支持政策等方面提出促进非遗美育文化融入高校思政教育的路径。

一、挖掘非遗美育文化中的思政元素

挖掘非遗美育文化中的思政元素，旨在深入探索非遗美育文化的思想内涵、道德价值和社会意义，从中提炼出具有思政教育意义的元素。通过传承和弘扬非遗美育文化，向学生传递思政理念和价值观，培养他们成为有思想、有情怀、有担当的新时代人才。非遗美育文化中的思政元素主要包括核心价值观元素、品德教育元素和创新元素等，将这些元素融入高校思政教育，能够让学生从非遗美育文化中领会价值观念、历史意义、文化传承等方面的思政教育内容，从而更好地适应社会发展。为了实现这一目标，需要深入理解非遗美育文化的内涵，准确提取非遗中含有思政意义的元素，并将其有机地融入高校思政教育中。

（一）挖掘非遗美育文化中的核心价值观元素

党的十八大提出，倡导富强、民主、文明、和谐，倡导自由、平等、公正、法治，倡导爱国、敬业、诚信、友善，积极培育和践行社会主义核心价值观。富强、民主、文明、和谐是国家层面的价值目标，自由、平等、公正、法治是社会层面的价值取向，爱国、敬业、诚信、友善是公民个人层面的价值准则，这24个字是社会主义核心价值观的基本内容。社会主义核心价值观是社会主义核心价值体系的内核，体现社会主义核心价值体系的根本性质和基本特征，反映社会主义核心价值体系的丰富内涵和实践要求，是社会主义核心价值体系的高度凝练和集中表达。社会主义核心价值观要成为个体的价值认同并转化为个体的行为，必须经过一个接受和内化的过程。核心价值观只有为全体社会成员真正认同和普遍接受才能被最终确立①。非遗美育文化作为中国传统文化的重要组成部分，蕴含着丰富的核心价值观元素。这些元素不仅有助于学生更好地了解和传承中国传统文化，还对学生的品德修养和道德观念的培养起到重要作用。非遗美育文化代表着民族的精神和智慧，强调团结协作、勤劳致富，为民族复兴和国家富强做出了贡献。它也强调人与自然、人与人之间的和谐共处，传承和谐的生活哲学。非遗中的礼仪、习俗、艺术等美育内容彰显了中国文明的独特魅力，体现了文明并存、互相借鉴的现实。

非遗美育文化中蕴含着丰富的核心价值观元素，苗族服饰中用到的刻录技艺，展现了苗族英雄们为了捍卫自己的民族、不怕牺牲的英勇抗战精神，智慧的苗族妇女用针线把英雄们保家卫国的场景、曾经使用的刀枪等武器记录下来，通过服饰传递爱国的民族精神。这些图案纹样的记录在传递鲜活历史故事的同时，更多展现的是我国少数民族面对外敌入侵时全民族团结一致、勇敢抵御顽强的精神外敌、守护疆土。因此，这种勇敢顽强精神折射到现代社会便是我们在面对民族分裂、"港独""藏独""台独"分子时坚守的爱国主义信仰，凸显出社会主义核心价值观中爱国报国的价值信仰②。我国第一批被列入纺织服饰类"非遗"的惠安女服饰，是惠安女在长期的劳作过程中根据劳动方式的需要进行设计并不断改进，最终形成并保留下来的特色服饰，其劳动使用价值极高，体现了惠安女的勤劳与智慧。这反映了各民族劳动人民的勤劳和耐性，体现出个体价值的追求方向以及实现人生价值的方法和途径。这与社会主义核心价值观倡导的个人在工作岗位上敬业勤业，发挥自身才能，进而寻求自我价值的精神是一脉相承的③。

（二）挖掘非遗美育文化中的品德教育元素

非遗美育文化中的品德教育元素是指在非物质文化遗产传承与发展过程中所

① 冯留建.社会主义核心价值观培育的路径探析[J].北京师范大学学报（社会科学版），2013，No.236（02）：13—18.

② 赵宏，曹明福.中国纺织类非物质文化遗产概论[M].北京：中国纺织出版社，2015：123.

③ 常沛，孙凯迪.纺织服饰类"非遗"涵养社会主义核心价值观研究——以"两个结合"为视角[J].武汉纺织大学学报，2022，35（06）：91—96.

包含的道德观念和伦理规范等因素。品德教育是培养学生道德品质和人格素养的重要途径，挖掘非遗美育中的品德教育元素，让大学生通过非遗文化活动认识和传承中华民族优秀的品德观念，对于提高大学生的道德素质、塑造高尚品德、弘扬中华民族优秀的道德文化具有重大的意义。非物质文化遗产是道德教育产生与历史发展借以实现的重要形态，也是道德教育现实存在的重要形态。道德具有地域性、本土性、民族性，传统道德是各民族长期以来生活经验的积淀，它融汇在各民族的生产、生活、文化、教育、宗教和传统习惯中，支撑着民族的心理和意识。非物质文化遗产提供个人对他人的认识、对社会的态度、对世界的看法，非物质文化遗产的教化与传承能够强化着社会成员的言语和生活方式，影响着群体或民族的文化心灵和情感。我国非物质文化遗产蕴含着劳动人民丰富的知识、智慧、精神、理想、信念、道德、伦理、情操、爱憎和美善，其源远流长，博大精深的内容不仅是社会主义核心价值体系建构的重要文化根基和文化资源，同时还为德育的发展提供了深厚的内源性动力①。

从非遗美育文化入手，可以挖掘出其中蕴含着丰富的品德教育因素。中国传统戏曲中常常表现出忠诚、孝顺、勇敢等品德，这些都是可以被挖掘出来并运用到品德教育中的元素。在中国传统民歌中常常表现出对生活热爱之情，这些情感可以被运用到品德教育中，培养学生的社会责任感。例如，张家界的桑植民歌的音乐美中不仅包括旋律、节奏、音高和声部处理等方面，还涉及音乐与环境、人文、历史等方面的互动。桑植民歌的歌词情感真挚、深刻，表达了对生活的关切、对亲人的思念和对爱情的渴望等情感，使人们感受到生活的美好。桑植民歌歌词中的"求实创新""厚德载物"等观念，倡导互助、友爱、共同发展的理念，蕴含着非常丰富的思政元素。广东佛山的赛龙舟等竞技类非遗蕴含自强不息、勤劳勇敢、英雄无畏的民族精神，龙舟说唱等口头传统类非遗折射出扶危济困、抑恶扬善、乐善好施的人文情怀，醒狮、舞龙等民间舞蹈游艺类非遗蕴含团结、友爱、惩恶扬善、奋进精神，海天酱油、盲公饼等老字号类非遗传承人展示着童叟

① 莫雪玲，李文姣.非物质文化遗产的德育价值及保护[J].中国商界（下半月），2010（10）：343+345.

无欺、诚实守信等为人、为医、为商之道，这些非遗都体现了实用与审美、物质与精神的统一，渗透着华夏儿女对美的向往、追求、渴望和热爱，体现出独特的美的意趣和境界。美育和德育是血肉相连，以美育德可以使德育质量最优化。

（三）挖掘非遗美育文化中的创新元素

挖掘非遗美育文化中的创新元素是指在非物质文化遗产传承与发展过程中，挖掘与寻找非遗美育文化中所蕴含的创新精神，引导现代社会创造力的激发，同时为非遗的创新发展提供原本底蕴。这既可以将传统非遗美育文化和现代文化相结合，使非遗美育文化焕发生机，还可以弘扬中华民族传统美学，激发大学生的创新思维和艺术表现力，培养学生的创新精神和美育素质，进一步彰显非遗文化的创新能力，为非遗文化的传承与发展注入新的生命力。充分挖掘非遗美育文化中的创新元素，是传承我国优秀传统文化、拓展非遗文化内涵的必然选择。挖掘非遗美育文化中的创新元素是一项重要的任务，需要教师和学生共同努力。通过培养学生实践能力、创新意识、跨界融合能力和数字化转型能力，可以帮助他们更好地理解和欣赏传统文化，并在传统文化基础上进行改进、升级和创新，从而推动非遗美育文化的发展和传承。

挖掘非遗美育文化中的创新元素，实际上就是要深入探索非遗美育文化中所蕴含的创新精神和创造力。非遗美育文化中的创新元素体现在其传承与发展的过程中。非遗文化往往在传承中不断发展，创新是它们得以延续的重要动力。无论是技艺的传承、艺术的表达还是文化的传播，非遗文化都需要不断地适应时代、环境和社会需求的变化，从而进行创新。这种创新不仅体现在技艺的改进和艺术的表现上，更体现在对传统文化的重新解读和价值的再发现上。非遗美育文化中的创新元素也体现在其开放性和包容性上。非遗文化往往具有多元性和跨文化的特点，它们在传承和发展中不断吸收各种文化和艺术形式，从而创造出更加丰富和多样的艺术表达和技艺形式。这种开放性和包容性不仅为非遗文化注入了新的生命力，也为创新提供了广阔的空间和丰富的资源。非遗美育文化中的创新元素还体现在其与现代社会的互动中。非遗文化虽然是传统的，但它们在现代社会中仍然具有重要现实价值和应用价值，通过与现代社会的互动，非遗美育文化在多种领域中都具有广阔的应用前景。这种互动不仅可以帮助更好地认识和保护非遗文化，还可以为非遗的创新提供新的思路和方向。

二、健全非遗美育文化融入思政教育的运行机制

健全非遗美育文化融入思政教育的运行机制意味着在高校思想政治教育中，通过建立一套有效的机制来实现非遗美育文化与思政教育的有效融合，为了让非遗美育文化融入高校思政教育更有实效，需要建立健全相关机制来支持其实施。非遗美育文化融入思政教育的运行机制主要有组织协同机制、激励机制、宣传推广机制和评价机制等，完善相关运行机制可以促进资源配置更加合理、管理更加规范，从而提高非遗美育文化融入高校思政教育的效果和质量。

（一）健全非遗美育文化融入思政教育的组织协同机制

2004年，中共中央、国务院联合下发《关于进一步加强和改进大学生思想政治教育的意见》，指出要把思想政治教育融入大学生专业学习的各个环节，渗透到教学、科研和社会服务的各个方面，要形成全党全社会共同关心支持大学生思想政治教育的强大合力[①]。非遗美育文化作为一种具有丰富内涵与教育功能的资源，其融入高校思政教育具有重要的现实价值。为了更加有效地实现非遗美育文化融入高校思政教育的目标，建立健全其组织协同机制成为一个亟待解决的问题。

健全非遗美育文化融入高校思政教育的组织协同机制首先需要加强高校的党委统一领导。2019年习近平总书记在学校思想政治理论课教师座谈会上强调"办好中国的事情关键在党，各级党委要把思想政治理论课建设摆上重要议程。建立党委统一领导、党政齐抓共管、有关部门各负其责、全社会协同配合的工作格

---

① 游敏慧.移动互联网时代高校思想政治教育路径研究[M].北京：中国社会科学出版社，2020：298.

局，推动形成全党全社会努力办好思政课、教师认真讲好思政课、学生积极学好思政课的良好氛围。"高校党委必须站在坚守意识形态阵地和保障党的事业薪火相传的战略高度，把课程思政工作作为一项重要的政治任务和战略工程，将非遗美育文化教学融入课程思政中，靠前指挥、抓好关键、强化责任，建设一批学生真心喜爱、终身受益的优秀非遗美育课程，培养和造就担当民族文化复兴大任的时代新人。要深刻认识高校党委抓好非遗美育文化融入课程思政工作的重要性。高校党委要履行学校管党治党主体责任，把课程思政中非遗美育部分的教学工作建设纳入学校总体发展规划，列入党委工作议程，坚持非遗美育教学工作与其他思政教育内容同谋划同部署同落实、同考核。要落实学校党委的主体责任，成立校党委书记为组长的思政工作领导小组，分管思想政治工作和分管教学工作的校领导共同参加，总体负责全校改革试点统筹。建立完善学校各部门常态协作和分工负责机制，建立责任清单，细化工作台账，学校相关部处、系职责明确，有明确思路、有制度、有落实、有成效，最终形成职责明确，思想统一、上下贯通，执行有力和有效监督的课程思政教育教学育人体系①。

各相关部门在推进非遗美育文化融入高校思政教育过程中起到关键作用。国家文化、教育等相关部门要负责制定具体的政策和规划，为非遗美育文化融入高校思政教育提供制度保障。同时，地方政府需要积极落实政策，加大经费投入，强化对非遗美育文化融入高校思政教育项目的扶持力度。此外，校级行政部门要制定合理的实施计划与时间表，确保各项工作得以有序展开。在各高校内部，学校领导和各专业教师应当形成合力，共同推动非遗美育文化融入高校思政教育。学校领导要关心并支持这一工作，为非遗美育文化融入高校思政教育创造有利条件。教师则需要与非遗美育文化紧密联系，挖掘非遗美育文化资源背后的思想政治教育内涵，将其纳入课程设计中。社会企业和民间组织在推动非遗美育文化融入高校思政教育过程中也具有积极作用。企业要积极承担社会责任，支持和参与非遗美育文化融入高校思政教育相关项目。民间组织则可以充分发挥自身专业优

①　陈华栋.课程思政：从理念到实践[M].上海：上海交通大学出版社，2020：130—131.

势，提供有关非遗美育文化传承、传播与研究的资源平台，并积极开展与高校之间的学术交流与人才培养合作。提升非遗美育文化融入高校思政教育的水平取决于整个社会的共同努力，各参与方应该逐步形成有效的工作衔接与机制协同，共同为非遗美育文化融入高校思政教育提供持续性发展的保障。经过一系列的实践与探索，非遗美育文化融入高校思政教育才能显现出真正的价值，推动我国高校思政教育事业取得更为显著的发展成果。

（二）加强非遗美育文化融入思政教育的激励机制

激励机制是高校思想政治教育经常采用的手段和途径，加强激励机制对于规范思想政治教育活动，达成思想政治教育目的，完成思想政治教育任务具有重要意义。激励的目的在于激发人的正确行为动机，调动其完成目标的积极性、主动性和创造性来充分发挥人的智力效益，做出最大成绩，实现最大价值。加强非遗美育文化融入思政教育也需要建立激励机制来提升教育效果，推动二者更好的融合。加强非遗美育文化融入高校思政教育的激励机制是指通过一系列具有针对性和约束性的政策、措施和奖惩制度，给予思政教育工作者、学生以及参与非遗美育教育的教师以正面的激励，可以激发思政教育工作者、学生和教师的积极性，增强他们的敬业精神和责任心，推动非遗美育文化融入高校思政教育更快地迈进。

在完善非遗美育文化融入高校思政教育的激励机制方面，需要双管齐下，既关注教师的激励机制，也重视学生的激励机制。对于教师而言，激励机制应该体现在物质层面和职业发展两个方面。首先，高校应该提高相关课程的课酬，增加非遗美育文化科研项目的经费支持等，以激发教师参与非遗美育文化融入思政教育的积极性。同时，高校还应该关注教师的职业发展，为教师提供更多的培训和学习机会，帮助他们提高非遗美育文化素养和教学能力。对于在非遗美育文化融入思政教育中表现突出的教师，除了给予经济奖励之外，还应该在职称评定、岗位晋升等方面给予优先考虑，从而进一步激发教师的积极性和创新性。

其次，应该关注学生的激励机制。传统的学生激励机制通常停留在奖学金、证书等方面。为了更好地激发学生的参与热情和学习兴趣，高校应该举办与非遗美育相关的比赛、论文征集、作品展览等活动，鼓励学生积极参与。此外，高校还应该将非遗美育文化学习与学生的社会实践、志愿服务等活动相结合，让学生在亲身参与中感受非遗美育文化的魅力，增强其对中华优秀传统文化的认同感和自豪感。同时，高校应该加强与社区、非遗传承人等的合作，为学生提供更多的实践机会，使其在实践中深化对非遗美育文化的认识和了解。

加强非遗美育文化融入高校思政教育的激励机制是一项重要的举措。通过建立健全的激励机制来激发教师和学生的学习热情，促进非遗美育文化融入到思政教育中，可以提高教育质量和水平，培养更多具有创新精神和审美素养的高素质人才。

（三）建立非遗美育文化融入高校思政教育的宣传推广机制

建立非遗美育文化融入高校思政教育的宣传推广机制，是指通过一系列具有针对性和有效的宣传活动，向广大师生宣传非遗美育文化融入高校思政教育的理念、意义和价值，进一步推动非遗美育文化的融入工作。建立非遗美育文化融入高校思政教育的宣传推广机制，可以向全校师生展示非遗美育文化的魅力与价值，提高师生对非遗美育教育的认知和理解，可以引导师生养成对非遗文化与美育的关注和爱好，进而增强师生对思想政治教育的认同感和使命感，更有效地实现思政教育的目标。

建立非遗美育文化融入高校思政教育的宣传推广机制是为了传承和弘扬优秀传统文化，培养学生的文化自信心和审美能力。通过引导学生关注非遗文化，可以有效地推动非遗美育文化在校园中的传播和普及。这不仅可以增加非遗文化的曝光度，引导学生关注传统文化的重要性，还可以培养学生的文化自信心、审美情趣和创新精神，推动学生深入了解非遗文化的丰富内涵，进一步加深对中华传统文化的理解。通过建立持续性的宣传推广机制，使非遗美育文化成为高校思政教育的一部分，不断激发学生的创造潜能和文化情结，为培养具有创新能力和文化自信的新时代大学生提供有力支持。建立非遗美育文化融入高校思政教育的宣传推广机制需要采取一系列具体措施。

首先，高校应将非遗美育文化的宣传推广纳入教育教学规划中，确保其在思政教育中的重要地位。这不仅是一个形式上的整合，更是一种内在的融合与贯穿。通过设置与非遗美育文化相关的课程，如民间艺术、民俗学、地方戏曲等，可以让学生在学习中全面了解和掌握相关知识。同时，应将这些课程与思想政治理论课等课程有机融合，以促进学生对非遗美育文化的深入理解。

教职工在非遗美育文化的宣传推广中扮演着至关重要的角色。他们不仅是知识的传授者，更是引导学生探索和发现非遗美育文化独特魅力的引路人。因此，高校应将非遗美育文化知识纳入教职工的培训计划，确保每一位教师都能深入了解和掌握相关知识。通过系统的培训，教师可以更好地传授非遗美育文化知识，帮助学生建立起对非遗美育文化的正确认知。同时，高校应鼓励教师开展与非遗美育文化相关的科研项目，提升学术影响力，进一步推动非遗美育文化在高校思政教育中的融入。

新媒体平台以其广泛的覆盖面和强大的互动性，成为了宣传推广非遗美育文化的重要渠道。高校应充分利用微信公众号、抖音、微博等新媒体平台，发布关于非遗美育文化的宣传推广活动。通过这些平台，可以迅速扩大非遗美育文化的影响力，让更多的师生了解和关注。除了传播信息，新媒体平台还具有强大的互动功能。通过留言、评论、点赞等方式，学生们可以积极参与，发表自己的见解和感受。这种互动性不仅有助于增强学生对非遗美育文化的兴趣，还可以促进师生之间的交流与讨论。为了更好地利用新媒体平台进行宣传推广，高校需要制定有针对性的策略。首先，要确保发布的内容具有吸引力和可读性，能够引起师生的兴趣。其次，要定期更新内容，保持平台的活跃度。此外，利用数据分析来了解师生的阅读习惯和兴趣点，可以更有针对性地进行内容策划。通过新媒体平台的宣传推广，非遗美育文化将更加深入人心，成为高校思政教育的重要组成部分。

在宣传推广非遗美育文化的过程中，应特别强调其与青年学生价值观和生活方式的紧密联系。非遗美育文化不仅是一种传统的艺术形式，更是一种生活态度的体现。因此，通过举办以非遗美育文化为主题的文艺活动、征文比赛、讨论会等形式多样的活动，可以鼓励师生积极参与，深入了解非遗美育文化的内涵和价值。这些活动可以让学生更好地发现非遗美育文化与现代生活价值观、道德观念的内在联系。通过亲身体验和参与，学生可以感受到非遗美育文化所传递的尊重自然、崇尚和谐、追求美好的价值观，从而增强民族认同感和文化自信。同时，参与这些活动也有助于学生提高审美品位和社会责任感。通过欣赏和创作非遗美育文化作品，学生可以培养对美的敏感度和鉴赏力。同时，他们也可以意识到自己在传承和弘扬中华优秀传统文化中的责任和使命，从而提升社会责任感。

最后，建立有效的反馈机制是确保宣传推广机制持续改进的关键。通过收集学生和教师的反馈意见，了解非遗美育文化宣传推广的成效和存在的问题，及时调整和完善相关措施。同时，定期评估宣传推广活动的质量和影响力，为未来的工作提供有益的参考和借鉴。建立非遗美育文化融入高校思政教育的宣传推广机制需要多方面的努力和协作。通过这一机制的实施，可以更好地促进非遗美育文化在高校思政教育中的融入，提高教育质量和水平，培养更多具有创新精神和审美素养的高素质人才。

（四）推进非遗美育文化融入高校思政教育的评价机制建设

2017年，中共中央、国务院印发《关于加强和改进新形势下高校思想政治工作的意见》，指出要健全高校思想政治工作评价体系，研究制定内容全面、指标合理、方法科学的评价体系，推动高校思想政治工作制度化。因此推进非遗美育文化融入高校思政教育的评价机制建设是推进非遗美育文化融入高校思政教育中的重要内容，推进非遗美育文化融入高校思政教育的评价机制建设是指在非遗美育文化融入高校思政教育的实践中，建设与之相应的评价机制，以评估非遗美育文化融入高校思政教育的成果和效果，并进一步推动非遗美育文化融入高校思政教育的发展。在非遗美育文化融入高校思政教育的实践中，推进非遗美育文化融入高校思政教育的评价机制建设是非常重要的。评价机制的建设可以为非遗美育教育提供更科学、更全面和具体的评价标准，提高评价体系的独立、准确和科学性。评价机制的建设可以为高校的非遗美育教育提供一个有效的反馈机制，以促进教育活动的持续优化和发展。评价机制的建设可以为高校思政教育提供更加完整、更加细致和更加专业的评价方法，以推动高校思政教育对非遗美育教育的认识、理解和实践。

首先，在确定评价主体方面，为了确保思政教育工作的全面推进，评价主体应包括学生本人、班级评价小组、专业课教师、专业课管理人员、思政理论课教师和辅导员。他们分别从不同角度评价学生在专业课程中对非遗美育文化的领悟和实践，通过独立的评价形成综合性评价，并对成效和原因进行拆分和细化。

其次，科学划分评价维度是评价机制中的重要环节。针对非遗美育文化的融入，不同的评价主体应侧重不同的维度，体现多角度的视角，确保评价的全面性和科学性。例如，专业课教师主要评价学生在学科学习中情感、态度、价值观的变化，思政理论课教师着重评价学生对社会主义核心价值观的接受程度，而辅导员则更关注学生学业行为的变化以及其参与活动的程度。

再次，系统开展评价活动对于推动非遗美育文化融入高校思政教育至关重要。在评价过程中，应注重定性评价而非定量评价，注重评价过程而非仅关注结果。同时，要减少横向比较，关注学生纵向自我发展的原则也应贯彻其中。在评价标准和方法方面，所有课程都有其思政教育的需求，包括情感、态度、价值观等层面。针对非遗美育文化的融入，可以采用多种方法，如思政素养发展档案法、关键事件法、评价量表法等。

最后，健全的评价督查机制是确保课程思政工作持续推进的关键。在教师评聘考核体系中应加强思政工作的考量，建立高效评估与督查机制。将高校课程改革情况作为评估考核的重要指标，纳入学校党建和思政工作的评价体系。学术评价体系要转变评价体系的重心，以学生的成长和发展为评价的标准。对于教师积极投身育人实践并取得成果的努力和成就，应给予充分认可。

非遗美育文化在高校思政教育中的融入是一个复杂而重要的过程。通过多元化评价主体、科学设定评价维度、系统开展评价活动以及健全的评价督查机制，可以有效推动非遗美育文化在高校思政教育中的融入和发展。这对于提升思政教育质量、促进学生全面发展具有重要意义。

三、形成非遗美育文化融入高校思政教育多元主体协作

形成非遗美育文化融入高校思政教育的多元主体协作是指在推进非遗美育文化融入高校思政教育的过程中，各主体结合各自的资源、专业等优势，在思想、理念、专业技能等方面相互补充，形成多元、协同的合作模式，以实现优良教育效果。在推进非遗美育文化融入高校思政教育的过程中，形成多元主体协作是非常重要的。主体主要包括高校、教师、非遗传承人和学生四类，各主体汇聚资源，密切配合进行协作，最终促进非遗美育文化融入高校思政教育落地开花。在高校、教师、非遗传承人和学生四类主体密切合作的过程中，协作配合能够增强各自的优势，缩小各自的劣势，并提高非遗美育文化融入高校思政教育的实效性和可行性。

（一）实现高校在非遗美育融入高校思政教育的主要承担者作用

高校是非遗美育融入思政教育的主要场所，具有培养高素质人才的重要使命。高校通过将非遗美育融入思政课程和社会实践活动，提高学生的非遗文化认识和审美水平，强化学生的文化自信和民族自豪感。同时，高校也是非遗美育研究和实践的重要载体，为非遗文化的传承和创新提供了理论和实践支撑。高校是整个融合过程的主要主体，需要积极探索非遗美育文化融入思政教育的有效途径和方式，制定相应的课程计划，建立实践基地，开展非遗文化讲座和展览等活动，为学生提供更为全面、深入的非遗美育文化学习体验。

大学生之所以缺少非遗美育教育在一定程度是与当代高校中的课程设置密切相关的。大多数学校将非遗美育课程仅作为选修课甚至没有开设，并没有纳入思想政治理论课的范围。在大学思想政治理论课程的设置上，可以根据实际情况相应地增加优质的非遗美育课，完善思想政治教育课程体系。高校应该不断优化课程思政的教学实施，紧密围绕课程思政的教学目标，深入挖掘各门课程中蕴含的

思想政治教育资源，并修订学科专业的人才培养方案，完善教学大纲，逐步形成课程思政建设的体系架构。教材在课程思政中扮演着重要的角色，它是培养人才的重要依托。高校在编写非遗美育文化融入思政教育的教材时，应注重教材体系的建设和主干课程内容的价值导向。教材的建设体现了国家意志，涉及教师如何进行教学等本质问题。为了加强教材建设，需要创新学科体系，明确责任分工，针对不同类别的课程特点制定教学指南和方案，将非遗美育思想政治教育元素融入教学目标、教学内容、教学策略和教学案例等方面，挖掘知识背后的价值、精神和思想。

高校思想政治教育最常用最基本的方法是理论教育，教育者向大学生传授马克思主义理论、思想道德知识、国家的方针政策等，采用理论讲解、讲授的方式让大学生树立正确的思想观念，除此之外，还可以采用理论学习、宣传教育、理论培训、研究性学习等方式对受教育者的言行进行正面的教育和引导。虽然理论教育是最直接、最必不可少的方法，但是，单纯的理论灌输会使知识枯燥无味，激不起学生的兴趣，进而缺乏学习的主动性、积极性和创造性，甚至对所学理论产生排斥心理和抵触情绪，难以达到预期的教育效果。而非物质文化遗产能在一定程度上弥补理论教育的不足，拓宽教育渠道，提供多种教育载体，丰富教育方法和手段。倘若在思想政治教育类课程中有效运用非物质文化遗产资源，对课堂气氛的调动、学生理解能力和思维能力的加强、学生学习自觉性的提高将起到重要的作用。例如，江西财经大学设有自己的非物质文化遗产研究中心，研究中心每个学期都会组织学生和老师们去江西省各地方非遗文化点进行调研，立足于弘扬中华传统非遗文化，走进基层，了解非遗，为服务地方文化建设而努力。引导学生将非遗文化结合设计，贴近生活，创作出独特的文创产品，这些文创产品不但独特、实用，而且还把不同的非遗文化展现在不同用品上，让文创产品走进千家万户，让非遗走进千家万户，把非遗结合艺术，把中华传统文化结合生活、结合现代设计传承下去①。

---

① 李苏云.高校美育课程教学改革的探讨[J].湖南包装，2020，35（06）：140—144.

（二）发挥教师在非遗美育融入高校思政教育的实施者作用

教师是非遗美育融入思政教育的重要推动者和组织者，具有重要的引领作用。非遗美育文化融入思政教育强调所有的教师都要有育人职责，强调团队合作，需要整合思想政治理论课教师、专业课教师、学生辅导员和班主任队伍，组建多学科背景互相支撑、良性互动的顶尖师资非遗美育思政课程教学团队。2019年，习近平总书记在学校思想政治理论课教师座谈会上指出，"办好思想政治理论课关键在教师，关键在发挥教师的积极性、主动性、创造性。"为此需要着力提升教师的育人意识和能力，加强非遗美育教师队伍建设，使教师做到教书和育人的高度统一。

在非遗美育融入高校思政教育的过程中，教师作为关键的推动者，扮演着不可或缺的角色。他们不仅是知识的传授者，更是引导学生探索和体验非遗美育文化的引路人。为了确保这一融合的顺利实施，教师需满足一系列的条件和要求。

首先，教师应具备扎实的非遗文化基础。他们需要深入研究非遗文化的内涵、价值及其技艺传承方式。这不仅要求教师持续关注非遗文化的发展动态，还要结合课堂内容，为学生带来最新、最全面的知识和信息。此外，教师还需根据非遗文化的特点，灵活调整教学内容和方式，以更好地激发学生的学习兴趣和动力。

其次，教师需承担起传承非遗文化的重任。这不仅限于课堂教学，更要通过课外活动、社团组织等形式，引导学生参与非遗文化的实践与传承。例如，教师可以组织非遗技艺培训班或文化节，让学生在实际操作中感受非遗的魅力，提高他们的创新思维和实践能力。同时，教师还应鼓励学生参与到非遗文化的保护工作中，培养他们对非遗文化的责任感和使命感。

在教学方法上，教师需要不断探索和创新，以适应课程特点和满足学生需求。情境教学是一种有效的方式，通过模拟真实场景，让学生身临其境地感受非遗文化的魅力。教师可以根据课程内容，设计相关的情境，引导学生参与其中，亲身体验非遗技艺和传承方式。案例分析也是值得推荐的教学方法。教师可以选择具有代表性的非遗案例，与学生一起深入剖析、探讨其文化内涵、技艺特点和传承现状。通过案例分析，学生可以更直观地了解非遗文化，培养分析和解决问题的能力。互动讨论是增强课堂互动性的有效手段。教师可以组织学生进行小组讨论或全班范围内的辩论，针对非遗相关话题展开思考和交流。这种教学方式可以激发学生的学习兴趣和主动性，促进彼此之间的思想碰撞和知识分享。现代信息技术手段为教学方法的创新提供了更多可能性。教师可以利用多媒体资源，如图片、视频、音频等，为学生展示非遗技艺的细节和动态。通过多媒体的呈现，学生可以更直观地了解非遗技艺的精湛之处，增强对非遗文化的感性认识。

在将非遗美育文化融入大学生思想政治教育的过程中，网络阵地的作用尤为关键。随着互联网的普及和信息技术的迅猛发展，网络已成为大学生获取信息、交流思想的重要平台。因此，教师应当充分利用网络资源，发挥其优势，将非遗美育文化与网络教育紧密结合。教师可以结合网络传播的特点和大学生的需求，创新教育方式和方法。利用社交媒体、短视频等平台与学生进行互动交流是一种有效的方式。通过这些平台，教师可以发布与非遗相关的有趣内容，吸引学生的关注。同时，教师还可以利用平台的讨论区或直播功能，与学生进行线上讨论、问答互动，提高他们的学习兴趣和参与度。这样的交流方式可以拉近师生之间的距离，增强学生对非遗美育文化的兴趣和热情。此外，教师还可以通过在线课程、微视频、网络直播等形式，为学生提供多样化的学习资源和学习途径。这些数字化教育资源可以满足学生个性化学习的需求，使他们随时随地都能深入了解非遗文化。通过线上线下的有机结合，教师可以构建一个全方位、立体化的非遗美育教育体系。

最后，教师自身素质的提升也是关键。他们需要不断丰富和更新自己的非遗知识和教育教学经验，以更好地满足学生的学习需求和期望。通过持续努力和学习，教师不仅能提升自己的教育水平，还能更好地推进非遗美育在高校思政教育中的发展。教师在非遗美育融入高校思政教育的过程中起着决定性的作用，他们需要具备深厚的非遗文化知识、灵活的教学方法和勇于创新的精神。只有这样，我们才能真正培养出对非遗文化有深入了解和热爱的大学生，为非遗的传承和发展做出实质性的贡献。

（三）落实非遗传承人在非遗美育融入高校思政教育的助推者作用

非遗传承人是非遗美育融入思政教育的重要实践者和推广者，他们承载着非遗文化的历史和精神，是非遗文化传承和发展的重要人才。非遗传承人通过与高校和教师合作，共同推进非遗美育融入思政教育，让学生更好地了解和认识非遗文化，增强文化自信。在非物质文化遗产保护这一话题上，高校与社会要相结合，高校为大学生夯实坚固的理论基础，社会为高校学生提供充足的实践机会，进行深入研究和探索。学生自身的传统文化因子会更好地被激发，思维方式、审美水平都会有很大的提升①。

非遗传承人在非遗美育融入高校思政教育中起着至关重要的助推作用。他们不仅是非遗文化的传承者，更是将非遗美育融入高校思政教育的重要桥梁。非遗传承人的参与，能够为高校思政教育注入新的活力，提供更贴近实际的教学内容，帮助学生更深入地理解和体验非遗文化的魅力。

首先，非遗传承人可以通过开设讲座、工作坊和实地教学等方式，将非遗美育引入高校课堂。他们可以分享自己的非遗技艺和心得，引导学生亲身感受非遗制作过程，提高学生的实际操作能力。在这一过程中，非遗传承人将非遗价值观、审美观念和精神内涵融入教学中，帮助学生培养对非遗文化的热爱和尊重。他们的授课方式不仅生动有趣，更能够让学生在实际操作中体验到非遗文化的独特魅力。

其次，非遗传承人可以与高校教师合作，共同开发非遗美育课程。他们可以提供一手资料和实践经验，协助教师完善课程设计，使课程内容更贴近实际，更具实践性。这样的合作不仅可以提升教学质量，还能促进非遗传承人与高校教师的交流与合作。通过合作，双方可以实现资源共享、优势互补，共同推进非遗美育在高校思政教育中的发展。

---

① 苏舜之.非物质文化遗产的传承保护与高校思想政治教育的互动共进研究[D].湖北工业大学，2020.

此外，非遗传承人还可以协助高校开展实践活动。他们可以带领学生参观非遗工坊、参加非遗节庆活动，甚至参与非遗项目实践。通过这些活动，学生可以亲身体验非遗文化，感受其独特的魅力。同时，这些活动也有助于培养学生的团队协作精神和创新思维。在实践活动中，学生可以亲身参与非遗制作过程，了解非遗技艺的独特之处，提高自己的审美水平和文化素养。

最后，非遗传承人作为非遗文化的活化石，其自身的故事和经历就是一部鲜活的思政教材。他们的奋斗历程、对非遗的热爱和坚守，都能成为激励学生奋发向前的力量。通过聆听非遗传承人的故事，学生可以更深刻地理解非遗文化的价值和意义，增强文化自信和民族自豪感。同时，这些故事也可以为学生提供宝贵的启示和借鉴，帮助他们树立正确的人生观和价值观。

非遗传承人在非遗美育融入高校思政教育中发挥着关键的助推者作用。通过开设讲座和工作坊、与高校教师合作开发课程、协助开展实践活动以及分享自身故事等方式，非遗传承人能够为高校思政教育注入新的活力，帮助学生更深入地理解和体验非遗文化的魅力。同时，他们的参与也有助于培养学生的审美素养、文化自信和民族自豪感。因此，我们应该充分重视并发挥非遗传承人在高校思政教育中的作用，共同推进非遗美育的发展。

（四）发挥学生在非遗美育融入高校思政教育的主体作用

教育的核心问题是"人"，认识和体现"人"在教育中的地位和作用，这是当代思想政治教育关注的问题。在非遗美育文化融入高校思政教育中，研究大学生的主体作用，对于把握非遗美育文化融入思政教育的教学改革与创新方向，加强和改进美育教学工作，增强高校学生思想政治教育中美育的针对性和实效性，促进大学生的成长成才，完成立德树人的根本任务具有非常重要的理论和实践意义[1]。学生是非遗美育文化融入高校思政教育的核心参与者，通过参与其中，能够获得全面成长和发展，同时也能够将所学所得转化为行动力，更好地为社会做出贡献。

---

① 李鸿雁，张雪.高校思政课教学改革与创新研究[M].延吉：延边大学出版社，2022：42.

　　非遗美育融入高校思政教育需要充分发挥学生的主体作用，这不仅是因为学生是教育的接受者，更是参与者和传承者。首先，学生应树立正确的非遗文化价值观。他们需要认识到非遗文化的珍贵性和独特性，从内心产生对非遗文化的热爱和敬畏。通过课程学习和实践活动，学生可以深入了解非遗文化的内涵和价值，提高审美水平和文化素养。同时，学生还应积极参与非遗相关的实践活动，如非遗表演、制作和传承等，通过亲身体验和实践，更深入地了解非遗文化的独特魅力和价值。

　　其次，学生可以利用网络平台宣传和推广非遗文化，为非遗的传承和发展做出积极的贡献。现代社交媒体和网络平台为学生提供了广阔的传播空间，他们可以通过多种渠道分享非遗相关的知识和动态。具体而言，学生可以在微博、微信公众号、短视频平台等社交媒体上开设账号，定期发布与非遗文化相关的内容。这些内容可以包括非遗技艺的介绍、传承人的故事、非遗活动的报道等，以吸引更多人的关注。通过分享和传播，学生可以帮助扩大非遗文化的影响力，让更多人了解非遗的价值和魅力。除了发布内容，学生还可以利用网络平台的互动功能，与其他用户进行交流和讨论。他们可以积极参与线上讨论，回答网友的问题，分享自己的见解和体验。通过互动交流，学生可以促进非遗文化的传播和普及，同时也能结交志同道合的朋友，共同致力于非遗的传承和发展。此外，学生还可以利用网络平台组织线上或线下的非遗文化活动。例如，他们可以发起线上投票、征集作品、组织线上展览等活动，吸引更多人参与其中。通过这些活动，学生可以进一步推动非遗文化的传承和发展，发掘和培养更多的非遗爱好者。

　　再次，学生应积极发挥创新精神，探索非遗文化与现代社会的结合点，为非遗的传承和发展注入新的活力。非遗文化作为传统文化的珍贵遗产，需要与时俱进，与现代社会相适应。学生可以利用自己的专业知识和创新思维，探索非遗文化与现代社会的结合点，为非遗的传承和发展提供新的思路和方向。具体而言，学生可以尝试将传统非遗技艺与现代设计理念相结合，创造出既具有传统文化底蕴又具有现代感的作品。这样的作品既可以吸引年轻人的关注，也可以让传统技艺焕发新的光彩。例如，学生可以运用传统工艺制作出时尚的配饰、家居用品或文创产品，将传统与现代完美结合。此外，学生还可以利用现代科技手段，如虚拟现实、增强现实等技术，为非遗文化注入新的生命力。通过这些技术，学生可以打造沉浸式的非遗体验，让观众身临其境地感受非遗技艺的精湛和文化的独特魅力。例如，利用虚拟现实技术，学生可以还原非遗技艺的制作过程，让观众亲身体验传统工艺的奥妙。在探索非遗文化与现代社会的结合点的过程中，学生还应关注市场需求和受众需求。通过市场调研和用户反馈，了解人们对非遗文化的认知和需求，从而更好地调整和完善自己的创意和作品。同时，学生还应积极寻求合作与支持，与其他创意人士、企业和机构建立合作关系，共同推动非遗的创新发展。

同时，学生可以根据自己的兴趣和特长选择适合自己的社团，如非遗舞蹈社团、剪纸艺术社团等。通过参加社团活动，学生们不仅可以学到非遗技艺的基础知识和技能，还可以与其他同学一起交流心得、分享经验，共同成长和进步。学校可以给予社团一定的支持和指导，如提供场地、设备等资源，以及邀请专业人士进行指导。同时，学校还可以通过举办校园文化活动、展览等方式，展示学生的非遗作品和成果，提高他们的自信心和成就感。要塑造多元化的非遗美育学习氛围，需要充分发挥学生的主体作用。通过树立正确的非遗文化价值观、积极参与非遗相关的课程和活动、利用网络平台宣传和推广非遗文化、发挥创新精神探索非遗文化与现代社会的结合点等方式，可以让学生们更加深入地了解非遗文化的历史、特点和传承方式。通过亲身参与和实践操作，培养自己的动手能力和创造力，提升自己的审美素养和人文素养。

四、营造非遗美育文化融入高校思政教育的环境氛围

营造非遗美育文化融入高校思政教育的环境氛围，指的是通过各种方式和手段，创造出一个能够促进非遗美育文化融入高校思政教育的良好环境和氛围，让学生和教师在这种氛围中能够更加深入地了解和认识非遗美育文化的价值和内涵，并能够更加积极地参与非遗美育文化融入高校思政教育的各个环节和方面中

来。营造非遗美育文化融入高校思政教育的环境氛围具体来说可以从塑造多元化的非遗美育学习氛围、开展非遗美育文化的校园文化活动和加强校园非遗美育文化建筑设施建设三个方面入手。

（一）塑造多元化的非遗美育思政教育的学习氛围

塑造多元化的非遗美育学习氛围是培养学生对非遗文化的理解和热爱的关键步骤。这样的学习氛围不仅能够丰富学生的艺术修养，还能够拓宽他们的视野，培养创造力和跨文化交流能力。在非遗保护热潮中，已有高校引入一批非遗项目和非遗传承人，通过办展览、开讲座、做表演或设基地等方式掀起了校园非遗热，起到了非遗启蒙以及引导大学生参与保护非遗的作用。非遗本身无论是风格与形式、体裁与题材或是主题与内容，都渗透着民众的审美追求和热情，也蕴含着民族的审美理想和精神，是高校美育不可忽视的素材与资源，那么在继续推进非遗进高校的基础之上，就要将非遗进高校的路径和方式进一步深化细化，把第一课堂与校园活动相结合，将非遗纳入高校美育范畴，使渗透于校园的非遗之美成为大学生美育的新载体与新形式[①]。

塑造多元化的非遗美育学习氛围对学生的美育教育具有重要作用，学生可以深入了解不同类型的非遗文化，增强对非遗美育的认知和理解。这样的学习氛围有助于培养学生的审美艺术修养，为其未来发展奠定坚实基础。学校应该重视非遗美育的教育价值，积极创造多元化的非遗美育学习环境，让更多的学生受益于非遗美育的精神和魅力。

要塑造多元化的非遗美育学习氛围，需要从多个角度和形式进行深入考虑和实施。非遗美育不仅是一种文化的传承，更是一种审美教育和人文素养的提升。首先，通过开展非遗展览和演出，可以创造出一个多元化的非遗美育学习氛围。学校可以邀请非遗传承人、艺术家和相关专家来校园进行非遗的展览和演出。这样的活动能够让学生们近距离接触非遗文化，亲身感受到非遗的艺术魅力和独特

---

① 谢中元.非物质文化遗产在高校美育中的价值参与[J].河南教育学院学报（哲学社会科学版），2014，33（03）：13—16.

之处。通过观赏展览和演出，学生们可以更加深入地了解不同地域、不同类型的非遗文化，增加对非遗美育的理解和认知。展览可以展示非遗作品的精致工艺和独特美学价值，而演出则可以展现非遗文化的表演技艺和传统音乐舞蹈等元素。这些活动能够让学生们从视觉、听觉等多个方面感受非遗文化的魅力，激发他们学习和探索的热情。

其次，学校可以结合校园文化活动，开设非遗美育相关的选修课程。例如，可以开设非遗音乐、非遗舞蹈、非遗手工艺等选修课程，提供给学生们多元化的学习资源。这些课程可以让学生们根据自己的兴趣和特长选择适合自己的非遗美育学习内容。通过课程学习，学生们可以更加系统地了解非遗文化的历史、特点和传承方式。在课程中，学生们不仅可以学习到非遗技艺的基础知识和技能，还可以通过实践操作和互动交流，培养自己的动手能力和创造力。同时，教师可以在课程中引导学生们深入挖掘非遗文化的审美意蕴，让他们在感受和体验中提升自己的审美素养和人文素养。除了开设选修课程外，学校还可以通过其他方式将非遗美育融入校园文化活动。例如，可以组织非遗工作坊或技艺体验类的活动，让学生们亲身参与非遗技艺的学习和实践。通过亲手制作非遗作品或参与非遗表演，学生们可以更加深入地了解非遗技艺的独特魅力和价值。同时，学校还可以利用校园展示空间或举办校园艺术节等活动，展示非遗作品和文化遗产，让学生们更加深入地了解非遗文化的内涵和特点。

此外，学校可以通过学生社团自主自愿的方式传播共享非遗之美。学生社团可以组织各种与非遗文化相关的活动，如讲座、展览、演出等。这些活动可以调动大学生对于非遗的自觉审美观念，让他们更加积极地参与到非遗文化的传承和发展中来。例如，中山大学已设立昆曲社、粤剧社等多个非遗研习社团，并引入校外的传统文化推广中心等机构，使大学生在丰富多彩的非遗研习活动中潜移默化地学到非遗中的美育文化，体味非遗地域性、民俗性、民间化的审美内涵与独特价值。

（二）开展宣传非遗美育文化的校园宣传活动

为了促进学生对非遗美育文化的了解和参与，开展非遗美育校园文化活动是一种有效的途径。开展非遗美育文化的校园文化活动对于提升学生的文化修养、拓宽学生的视野，传承和弘扬优秀传统文化具有重要意义。这些活动将非遗文化与学生的日常生活融合在一起，通过亲身参与和体验，激发学生的兴趣和热爱，同时培养他们的创造力、合作精神和文化自信。为进一步加强我国文化遗产保护，从2006年起，每年六月的第二个星期六为我国的"文化遗产日"。以文化遗产日为核心，每年开展几次非遗进校园活动，丰富高校校园非遗美育文化活动能够更好地促进大学生的美育教育，不仅可以传承优秀的传统文化，还能够培养学生的审美能力和文化素养，促进校园文化的多元发展。

将非遗引进校园参与美育活动对于非遗美育文化融入高校思政教育具有重要作用。作为民族民间文化的代表，非遗在风格、体裁、形式、题材、主题、内容上都饱含着人类强烈的审美追求和热情，是各民族审美理想和精神的承载和呈现，具有丰富的审美内涵和独特的审美价值，非物质文化遗产包括了人类无限的情感，包含着深远的意义和价值。对高校美育来说，非物质文化遗产是美育不可忽视的素材与资源。

在高校开展非遗美育的校园文化活动，是推动非遗文化融入高校思政教育的重要途径。为了满足学生的不同需求和兴趣，活动形式和内容应该多样化。首先，可以组织非遗工作坊或技艺体验类的活动。邀请非遗传承人或相关专业人士，指导学生亲身感受和学习非遗技艺，如陶艺、织锦、剪纸等。通过实践操作，学生可以深入了解非遗技艺的独特魅力和价值，提高自己的动手能力和创造力。同时，这种活动也能够培养学生的耐心和专注力，提升其审美素养和文化素质。

其次，开展非遗文化展览和展示类的活动是一个很好的方式，让学生更加深入地了解非遗文化的内涵和特点，感受非遗艺术的魅力。学校可以邀请非遗艺术家或学生参与文化创作，展示非遗作品和文化遗产。这些展览不仅可以让学生近距离欣赏到非遗艺术的精美，提高对非遗文化的兴趣，还可以通过与非遗艺术家的交流和学习，让学生了解非遗技艺的制作过程和传承方式。同时，学校还可以利用校园展示空间或举办校园艺术节等活动，让更多的学生和家长了解和欣赏非遗艺术品。通过这些活动，学生可以更加深入地了解非遗文化的特点和价值，增强对非遗文化的认知和理解。学校还可以开展非遗技艺工作坊、讲座和体验活动等，让学生亲身体验非遗技艺的制作和表演过程。通过实践和参与，学生可以更加深入地了解非遗文化的内涵和意义，培养对非遗文化的热爱和保护意识。

此外，可以在校园活动中渗透非遗之美。例如，在校园文艺演出中加入非遗元素，让学生通过表演等形式亲身感受非遗文化的韵味和魅力。同时，可以在校园文化建设中融入非遗文化元素，如设立非遗文化墙、非遗文化长廊等，让学生在日常生活中不断接触和了解非遗文化。最后，可以通过学生社团自主自愿的方式传播共享非遗之美。学生社团可以组织各种与非遗文化相关的活动，如讲座、展览、演出等。这些活动可以调动大学生对于非遗的自觉审美观念，让他们更加积极地参与到非遗文化的传承和发展中来。例如，中山大学已设立昆曲社、粤剧社等多个非遗研习社团，并引入校外的传统文化推广中心等机构，使大学生在丰富多彩的非遗研习活动中潜移默化地学习到了非遗中的美育文化，体味非遗地域性、民俗性、民间化的审美内涵与独特价值。

除了线下活动外，还可以利用线上平台开展非遗美育的校园文化活动。例如，可以通过网络平台发布非遗相关的知识和动态，吸引学生关注和参与讨论。同时，可以举办线上非遗知识竞赛、视频评比等活动，让学生在互动中学习和了解非遗文化。这种线上线下相结合的方式可以更好地满足学生的需求，提高活动的参与度和影响力。通过这些多样化的校园文化活动，可以让学生更好地了解非物质文化遗产的精神和内涵，加强民族文化自豪感和自信心。

（三）加强校园非遗美育文化思政教育的文化设施建设

在推动校园非遗美育文化融入思政教育过程中，加强校园非遗美育文化建筑设施建设起着重要的作用。非遗美育文化的传播学习需要依托于一定的物质文化载体，物质文化载体是指教育主体运用各种物质文化实体对大学生进行有目的、有计划的思想政治教育。物质文化载体主要包括校园内的书籍、文化环境、文化设施等，可以充分反映出校园文化底蕴是精神文化载体的外在表现形式，使学生在校园文化氛围中受到深刻的影响。学校建筑、宣传栏标语是学校环境的硬件环境，也是学校进行教育活动的基础和条件，校园非遗美育文化设施不仅是思政教育的物质文化载体，还是校园环境的重要组成部分。

校园环境是开展大学生思想政治教育的重要客观基础，能在无形中对大学生起到一个思想熏染的作用。因此，塑造一个富含优秀非遗美育文化要素的非遗美育文化建筑设施的校园环境，是将优秀非遗美育文化融入大学生思想政治教育的有效途径之一。通过注重校园文化建筑环境的文化氛围和美育元素，以及建立和完善各类非遗美育文化设施，能够让学生在校园生活中深入感受和体验非遗美育文化的魅力。这样的努力将促进非遗美育文化与思政教育的融合，丰富学生的思想内涵和全面素质，使校园成为非遗美育文化的传播之地。

加强校园非遗美育文化建筑设施建设，需要重视校园环境营造。高校作为非遗美育文化的传承和弘扬场所，应该注重校园文化环境的文化氛围和美育元素的融合，让学生在校园建筑环境中感受到非遗文化的独特魅力。高校在规划和设计校园建筑时可以适当融入非遗元素和特色，在建筑形式、造型以及艺术装饰等方面将非遗文化融入校园环境，让学生在日常生活中充分感受到非遗美育文化的价值和内涵。此外，高校还可以建立和完善各类非遗美育文化设施，例如非遗展览馆、非遗工作坊和文化创意中心等。这些设施不仅为学生提供了了解和学习非遗文化的平台，还为非遗技艺的传承和展示提供了场所。通过举办非遗文化展览、非遗技艺体验活动等形式，让学生们参与其中，亲身感受非遗文化的魅力，增强对非遗美育文化的认知和兴趣。例如，玉溪师范学院的湄公河次区域民族民间文化传习馆的建立经过了多年筹备，是艺术学院中独立出来的一个学院，是探索艺术教学改革的一个实验中心，占地面积9600平方米，是一栋三层多室的集收集、教学、展览为一体的独立小楼。玉溪师范学院湄公河次区域民族民间艺术传习实验中心成立于2004年11月，传习馆凭借着云南省多姿多彩的民族民间艺术和湄公河次区域民族民间文化的亲缘关系，在传承和保护非物质文化遗产上做出了巨大贡献，为学生在非遗中体验美育文化提供了合适的场所[①]。

五、优化非遗美育文化融入高校思政教育的支持政策

优化非遗美育文化融入高校思政教育的支持政策是非遗美育文化融入高校思政教育的必要前提，只有政策支持到位，才能够为非遗美育文化的推进提供强有力的保障。加强非遗美育文化与高校思政教育的结合需要制定一系列的支持政策，来为非遗美育文化和思政教育的融合和发展提供必要的支撑。优化非遗美育文化融入高校思政教育的支持政策具体需要从加大经费投入支持力度、构建科学完善的政策支持体系和引进多方资源共建共享共治等方面着手。

（一）加大经费投入支持力度

非遗美育文化融入高校思政教育需要一定的资金支持，资金投入是实现非遗美育文化与高校思政教育融合的重要保证，有助于推进非遗美育文化和高校思想政治教育的深度融合，推进非遗文化的传承和发展，提升非遗美育文化与高校思政教育的教学质量，提高非遗教育的教学质量和营造培育非遗人才的氛围。加大资金投入有助于推动非遗美育文化的创新和发展，可以提高非遗美育文化的研究水平，提高教师研究非遗美育文化的主动性，增强学生学习非遗美育文化的学习积极性，推动非遗美育文化与高校思想政治教育融合的深度发展，进一步拓展并强化非遗美育文化融入思政教育的路径。

财政投入可以加速非遗美育文化传承与发展的步伐，推动非遗文化的传承与弘扬。增加财政投入力度首先需要政府优化财政投入制度，政府要建立与当前思政教育中设计非遗美育内容相适应的培养方案所要求的相适应的财政投入制度，逐步提高财政性教育经费用于非遗美育教育的比列。其次还要建立稳定的经费增长机制，根据思政教育的经费标准或公用经费标准建立对非遗美育教育在思政教

---

① 秦鹏燕.多民族地区高校美育实践探究[D].云南师范大学，2017.

育中财政经费稳定增长体制机制，提高公用经费拨款标准使学校的基础设施及教学设备建设满足非遗美育教学的需要。此外，还需要规范非遗美育融入思政教育的资金管理，以确保资金使用的合理性和有效性。资金应该有明确的用途、期限和管理规定，确保资金使用的规范化。在资金申请和使用过程中，每一步的流程都应有特定的操作标准和重要环节的把控。该规定应该明确标准和标准的内容和使用流程，最终确保资金使用的规范化。高校可以通过制定相关规定，加强对非遗美育文化教育专项资金的管理和监督，加强对资金的分配和使用的审核和评估，确保资金的合理性和效率性。

鼓励社会力量参与非遗美育文化教育的资金支持，是非遗美育文化融入高校思政教育资金投入的重要组成部分。社会力量指非政府机构、企业、个人等，鼓励社会力量参与到非遗美育文化教育的资金支持，不仅可以补足政府投入不足的缺口，还可以加强非遗美育文化与高校思想政治教育之间的联系，进一步提升非遗美育文化教育的质量和影响力，推动非遗文化的传承和发展，同时更好地体现了社会参与共建共享的理念。政府可以采取开展非遗美育文化教育的社会化服务活动的方式，来吸引社会力量的资金支持。政府还可以联合高校通过开展各种形式的宣传活动，增强公众对非遗美育文化教育的认识和支持度，提高社会资金支持非遗美育文化教育的积极性。高校可以利用媒体渠道及社交平台等，向公众宣传非遗美育文化教育的重要性和意义，展示非遗美育文化教育的成效和影响力，引发社会力量的关注和支持，从而吸引更多的资金参与到非遗美育文化教育中来。最后，政府应该建立一个科学的社会资金支持管理机制，通过建立规范的捐赠管理制度，健全非遗美育文化教育社会资金支持的使用申请、审批、使用监督等管理机制。通过建立科学的管理机制，可以更好地保证社会资金支持的有效性和合法性，提高社会资金支持的参与度，同时为进一步推动非遗美育文化与高校思想政治教育融合提供坚实的保障。

（二）构建科学完善的政策支持体系

2004年我国加入《保护非物质文化遗产公约》，2011年颁布实施的《中华人民共和国非物质文化遗产法》，这是我国非物质文化遗产保护的一个里程碑。《中华人民共和国非物质文化遗产法》第34条明确指出："学校应当按照国务院教育主管部门的规定，开展相关的非物质文化遗产教育。"《国务院办公厅关于加强我国非物质文化遗产保护工作的意见》指出："教育部门和各级学校要逐步把优秀的、体现民族精神与民间特色的非物质文化遗产内容编入教材，开展教学活动。"2014年颁布的《完善中华优秀传统文化教育指导纲要》中提出了"深入开展创建中华优秀传统文化艺术传承学校活动，邀请传统文化名家、非物质文化遗产传承人等进校园、进课堂。"这一系列政策法规对传承非物质文化遗产做出了明确规定，也为非遗美育价值的实现提供了制度保障①。

当前我国美育研究、美育理论、美育实践都有了较大的发展，国家在政策中对学校美育教育工作的方式方法做出了指示，《中华人民共和国高等教育法》第四条规定：高等教育必须贯彻国家的教育方针，为社会主义现代化建设服务、为人民服务，与生产劳动和社会实践相结合，使受教育者成为德、智、体、美等方面全面发展的社会主义建设者和接班人。《全国普通高等学校公共艺术课程指导方案的通知》（教体艺厅〔2006〕3号）提到了公共艺术课程是我国高等教育课程体系的重要组成部分，是普通高等学校实施美育的主要途径。《关于全面加强和改进学校美育工作的意见》（国办发〔2015〕71号）提出形成大中小幼美育相互衔接、课堂教学和课外活动相互结合、普及教育与专业教育相互促进、学校美育和社会家庭美育相互联系的具有中国特色的现代化美育体系。《教育部关于切实加强新时代高等学校美育工作的意见》（教体艺〔2019〕2号）明确提出"把中华优秀传统文化教育作为学校美育培根铸魂的基础，弘扬中华美育精神，要在传统文化艺术的提炼、转化、融合上下功夫，让收藏在馆所里的文物、陈列在大地上的文化艺术遗产成为学校美育的丰厚资源，让广大青年学生在艺术学习的过程中了解中华文化变迁，触摸中华文化脉络，汲取中华文化艺术的精髓。"②

---

① 周强.非物质文化遗产在高校美育中的价值及其实现路径[J].南京理工大学学报（社会科学版），2019，32（04）：22—27.

② 邓佳.高校美育课程研究[D].西南大学，2019.

我国对于非遗文化保护和美育教育发展已经有了许多支持性的政策法规，非遗美育是我国非物质文化遗产保护和传承与美育教育结合的重要体现，融入高校思政教育可以更好地促进学生的全面发展和综合素质的提高。为了更好地支持非遗美育文化融入高校思政教育，需要完善相关政策法规，形成覆盖面更广、内容更丰富的政策体系。目前我国对于非遗美育文化融入高校思政教育的具体政策法规还不够完善，亟需完善非遗美育融入高校思政教育的相关政策法规。首先，在政策层面上，需要制定更加完善的非遗美育文化融入高校思政教育方案，明确课程设置和培训要求，明确非遗美育的任务和价值，确保非遗美育教育在高校得到更好的开展。具体来说，需要针对不同的专业设置不同的非遗美育课程，将非遗美育文化纳入到学生的日常教育中，这包括传授非遗美育知识、培养学生的审美能力和文化素养、加强学生的实践能力等方面。此外，还需要提供更加丰富的教育资源和支持，政府可以建立专门的机构负责非遗美育文化的研究和推广，制定丰富多样的教学媒体资料，以及对教学环境的改善建设，从而推广和提高非遗美育文化的认知和传承水平。对于非遗美育文化融入高校思政教育，需要更加完善的政策法规、更广泛的教育资源和支持，这将有助于非遗美育在高校得到更好的发展，促进学生的全面发展和综合素质的提高。完善非遗美育相关政策法规是保障非遗美育文化融入高校思政教育的重要保证，需要加大政策力度并落实具体实施措施，确保政策的有效贯彻，提升非遗美育文化融入高校思政教育的实效性。

（三）引进多方资源共建共享共治

引进多方资源共建共享共治是指政府、社会各界、学校和非遗企业等多方合作，集思广益，为非遗美育文化融入思政教育领域的发展提供支持，达到资源共建、利益共享和责任共治的目的。通过引进多方资源，可以传统文化的艺术形式进行更好的保护和传承，同时也能够让更多的人接触到这些艺术形式，从而丰富非遗美育文化的内涵。共建、共享、共治可以促进非遗美育文化的普及，在学校中开展非遗美育教育的机会还比较有限，因此需要多方合作来推进非遗美育文化的普及。共建可以利用各方资源优势，共同为非遗美育文化创造更好的环境；共享可以让更多人分享非遗美育文化的成果和效益，从而形成良性循环的发展机制；共治则可以加强对非遗美育文化的管理和监督，保障其健康稳定的发展。将非遗美育文化融入思政教育中，可以有效促进学生的全面发展，可以让学生在接触传统文化的同时，了解和掌握先进的思想、理论和知识，从而实现全面发展。

政府应该通过投资、资源整合等方式来加强政策引导，鼓励学校、企业等各方共同参与非遗美育文化融入思政教育。政府需要完善政策体系，提高非遗美育在各级教育领域的地位。具体做法包括制定专门的政策文件，明确相关责任机构，建立非遗美育文化融入思政教育工作机制，加大资金、人力、物力投入。实现资源整合，发挥各方面的优势。政府可以通过整合资源，使多方面的资源充分利用，达到资源共建共享和优势互补。制定相关政策鼓励各方共同参与非遗美育文化融入思政教育，从而实现资源的整合和优势互补，提高教育教学的效率和质量。通过投资、资源整合等方式来推广非遗美育文化，为非遗美育文化融入思政教育提供必要的资源和条件。在资源共建共享方面，政府可以通过加强教育部门与文化部门的协作机制，促进非遗美育文化资源共建共享。政府可以向社会公开征集非遗美育文化资源，以鼓励各地、各部门共同建设非遗美育文化资源库，以便更好地为思政教育和文化教育提供服务。政府还可以通过建立政策性、法律性和经济性等多种形式的支持机制，鼓励各方面提供自己的资源，共同建设非遗美育文化资源库。在资源共治方面，政府可以引导专业机构和第三方组织参与非遗美育文化资源的管理和治理，通过建立专门的管理团队和专业机构，以确保非遗美育文化资源的合理利用和资源的可持续发展。政府还可以在非遗美育文化融入思政教育的宣传和推广方面进行深入的工作，加大社会宣传力度，提高公众对非遗美育文化融入思政教育的认知度和重视度。政府可以通过各种媒体平台、举办展览、文艺演出活动等多种形式，向广大公众推广非遗美育文化，并通过宣传和推广，引导社会各界更加积极地加入到非遗美育文化融入思政教育中来。最后，学校和政府等相关部门还可以通过开展非遗美育文化比赛、论文竞赛等多种形式的活动，激发学生对非遗美育文化的兴趣和热情，培养学生的创新精神和研究能力。同时，还可以收集和鉴别出更多优秀的非遗美育文化资源和项目，促进非遗美育文化在思政教育中的不断创新和发展。

　　建立资源共享机制和责任共治机制，是实现多方合作共建共享共治的重要环节。建立资源共享机制，在专业领域内进行资源整合、共享专业技能和经验。资源共享机制将有助于实现人力、物力、财力等资源的共享和优势互补。健全责任共治机制，建立健全的工作机制和责任分配机制，明确各方责任，落实责任到位，切实保障非遗美育文化融入思政教育的实效性和质量。推行"多元治理"，支持非遗美育文化融入思政教育。建立资源共享机制和责任共治机制，是实现多方合作共建共享共治的关键步骤。非遗美育文化融入思政教育需要不同方面的资源支持，包括人力、物力、财力等资源。通过建立资源共享机制，不同组织和机构可以整合资源优势，实现资源共享和优势互补，充分发挥每个组织和机构的特长，提高工作效率和质量。同时，建立责任共治机制可以明确各方责任，并落实责任到位。责任共治机制应该包括工作机制和责任分配机制。工作机制包括制定一系列的规章制度、工作流程、管理制度、考核办法等，确保工作有序开展。责任分配机制应该明确各方参与者的责任和分工，确保各方责任到位。例如，政府承担主要领导和协调职责，非遗传承人和艺术家负责创作和传承非遗美育文化，教育机构负责教学和推广非遗美育文化等，合理分工，协同发力，达到共同推动非遗美育文化融入思政教育的目的。此外，推行"多元治理"，是支持非遗美育文化融入思政教育的重要手段。多元治理是指政府、市场、社会等多种力量联动共同治理，促进非遗美育文化融入思政教育的发展。政府在政策、资金等方面提供支持和引导，市场促进产业化发展，社会组织提供公益服务和推广，各方共同合作，才能形成强大的推动力，促进非遗美育文化融入思政教育的实现。同时，非遗美育文化也需要更好地融入学校教育、社区生活、文化旅游等方面，使非遗美育文化真正融入人们的日常生活，提高社会的文化素养和认同感。

参考文献

一、英文文献

[1]   George Szekely.*Teaching to Support Children's Artistic Independence:How Children's Creativity Can Inform Art Education*[M].London:Taylor and Francis,2022.

[2]   Mohammad Mahdi Foroudi and Pantea Foroudi.*Corporate Brand Design:Developingand Managing Brand Identity*[M].London:Taylor and Francis,2021.

[3]   Chark Kerr.*The Use of University*[M].Harvard University Press,1988.

[4]   Thomas D.Snyder.*120 years of American Education:A Statistical Portrarit*[M]. U.S.Department of Education,National Center for Education Statistics,1993.

[5]   Lan Chen.Research on the Ways and Means of Inheriting Chinese Excellent TraditionalCulture in Art Education[J].*International Journal of Education and Technology*,2021,2(1).

[6]   Matherne,S.,Riggle,N.Schiller on freedom and aesthetic value: Part II[J].*The British Journal of Aesthetics*,2021,61(1).

[7]   Amirreza Konjkav Monfared and Arefeh Mansouri and Negar Jalilian.The influence ofpersonality and social traits on the importance of brand design of luxury brands andbrand loyalty[J]. *American Journal of Business*,2020,36(2).

[8]   Belas O.Knowledge,the curriculum,and democratic education:The curious case of school English[J]. *Research in Education*,2019,103(1).

[9] Struckell E M.Millennials:A generation of un-entrepreneurs[J].*Journal of Business Diveristy*.2019.19(2).

[10] Stefan-Sebastian M.Schiller's Aesthetic Freedom and the Challenges of AestheticEducation[J].*Procedia-Social and Behavioral Sciences*, 2014,163.

[11] Denac O.The Significance and Role of Aesthetic Education in Schooling[J].*Creative Education*,2014,5(19).

[12] Koh C.Moral Development and Student Motivation in Moral Education:ASingapore Study[J].*Australian Journal of Education*,2012,56(1).

[13] Chao - Min Chiu, Wang E T G , Fu - Jong Shih, et al. Understanding knowledge sharing in virtual communities[J]. *Decision Support Systems*, 2011, 42(3).

[14] HANGGI J,S.KOENEKE,L.BEZZOLA,etal.Structural neuroplasticity in the sensorimotor network of professional female ballet dancers[J].*Hum.Brain.Mapp*.2010(31).

[15] Gordon,J. et al.Key competences in Europe:Opening doors for lifelong learners across the school curriculum and teacher education[J].*CASE Network Reports*,2009(87):40.

二、中文著作

[1] 《习近平谈治国理政》, 北京: 外文出版社, 2016 年版。

[2] 《习近平谈治国理政》(第二卷), 北京: 外文出版社, 2017 年版。

[3] 《习近平谈治国理政》(第三卷), 北京: 外文出版社, 2020 年版。

[4] 《习近平谈治国理政》(第四卷), 北京: 外文出版社, 2022 年版。

[5] 《十八大以来重要文献选编》(上), 北京: 中央文献出版社, 2014 年版。

[6] 《十八大以来重要文献选编》(中), 北京: 中央文献出版社, 2016 年版。

[7] 《十八大以来重要文献选编》(下), 北京: 中央文献出版社, 2018 年版。

[8] 《邓小平文选》(第 2 卷), 北京: 人民出版社, 1994 年版。

[9] 《邓小平论文艺》, 北京: 人民文学出版社, 1989 年版。

[10] 《蔡元培全集》(第六卷), 北京: 中华书局, 1988 年版。

[11] 《蔡元培全集》(第三卷), 北京: 中华书局, 1988 年版。

[12]《蔡元培全集》(第五卷), 北京：中华书局, 1988 年版。

[13] 张大中：《春风吹拂着首都——北京市五讲四美三热爱活动经验选》, 北京：北京出版社, 1984 年版。

[14] 叶朗, 等：《中国美学通史》, 南京：江苏人民出版社, 2014 年版。

[15] 刘彦顺：《中国美育思想通史》(当代卷), 济南：山东人民出版社, 2017 年版。

[16] 谭好哲, 等：《美育的意义：中国现代美育思想发展史论》, 北京：首都师范大学出版社, 2006 年版。

[17] 蒋孔阳、朱立元主编：《西方美学通史》(第四卷), 上海：上海文艺出版社, 1999 年版。

[18] [美] 詹姆斯·坎贝尔：《理解杜威：自然与协作的智慧》. 杨柳新, 译. 北京大学出版社, 2010 年版。

三、中文论文

[1] 周俊炜. 区域非遗文化与高校美育契合性提升策略研究 [J]. 中学地理教学参考, 2023(15).

[2] 胡东映. 民间舞蹈教学中非物质文化遗产的传承 [J]. 山西财经大学学报, 2023, 45(S1).

[3] 谢白杨, 卿斐. 传统手工艺与非遗传承艺术教育 [J]. 山西财经大学学报, 2023, 45(S1).

[4] 王颖. 基于新时代文化传承的少数民族影像志人才培养研究 [J]. 黑龙江民族丛刊, 2023(02).

[5] 赵博文, 李克军. 高校非物质文化遗产传承教育体系构建的逻辑机理与创新实践 [J]. 贵州民族研究, 2023, 44(01).

[6] 李梓郡, 杨译超. 非遗视野下传统音乐的市场需求与保护策略 [J]. 山西财经大学学报, 2022, 44(S2).

[7] 郭彩霞, 刘淑兰, 李菁菁. 非物质文化遗产融入高校思政课的逻辑向度 [J]. 中学政治教学参考, 2022(36).

[8] 周婷婷. 以文化人: 大学育人环境构建中非遗资源挖掘与使用的着力点 [J]. 四川戏剧, 2022 (07).

[9] 王琨. 普通高校艺术类专业大学生思政教育工作的困境及方法 [J]. 四川戏剧, 2022 (07).

[10] 钱江涵. 国家级非遗项目 "宜兴紫砂陶制作技艺" 的高校传承模式探索: 以无锡工艺职业技术学院为例 [J]. 南方文物, 2022 (04).

[11] 刘文良, 张午言. 非遗传承与高校育人协同发展策略研究 [J]. 大学教育科学, 2022 (02).

[12] 王昌军. 文化传播理念下的高校图书馆文创产品设计研究 [J]. 包装工程, 2022, 43 (02).

[13] 刘静, 黄书立. 非遗视角下高校图书馆戏剧文化保护与传承策略研究 [J]. 戏剧文学, 2021 (12).

[14] 符菱雁, 魏东. 非遗传承与数字媒体艺术的有效融合 [J]. 四川戏剧, 2021 (10).

[15] 娄杨, 张旭东. 非遗民间舞蹈在地方高校的传承与教学路径 [J]. 四川戏剧, 2021 (10).

[16] 雷显峰. "非遗" 手工艺传承人的高校研培模式探析 [J]. 天津师范大学学报 (社会科学版), 2021 (05).

[17] 孙根华. 非遗传承融入高校普及艺术教育课程体系简论 [J]. 四川戏剧, 2020 (05).

[18] 朱润, 冯晓娟. "非遗" 高校传承实践基地的建设与探索 [J]. 实验室研究与探索, 2019, 38 (11).

[19] 彭倩. 教育与合作从高校 "非遗研培" 思考传统工艺的再造与活化 [J]. 新美术, 2018, 39 (11).

[20] 黄伟. "非遗" 在民族地区大学生思政教育中的应用 [J]. 贵州民族研究, 2017, 38 (07).

[21] 杜立. 论马克思主义美学思想的哲学基础 [J]. 中学政治教学参考, 2022 (44).

[22] 韩立新. 人之 "类" 规定的意义: 评高清海的 "类哲学" [J]. 现代哲学, 2020 (3).

[23] 许明月, 孔军. 马克思主义教育哲学视角下 "大思政课" 的价值、本质与实现路径 [J]. 北京联合大学学报, 2023, 37 (2).

[24] 徐承 . 从人文教育到审美教育再到公共艺术教育：西方美育史的话语变迁 [J]. 艺术百家，2019，35（1）.

[25] 卢春红 . "以美育代宗教"：三条思路论争的源起与旨归 [J]. 美育学刊，2022，13（1）.

[26] 刘潇 . 启真致善：论蔡仪美育思想的路径与后效 [J]. 马克思主义美学研究，2022，25（1）.

[27] 李圣传 . 作为事件的美学政治："五讲四美"运动回望与阐释 [J]. 文艺争鸣，2021（2）.

[28] 黄龙光，杨晖 . 高校民族文化传习馆非遗保护的角色与功能 [J]. 广西民族大学学报（哲学社会科学版），2018，40（01）.

[29] 张艳 . 以非物质文化遗产有效促进大学生人文素养提升 [J]. 教育与职业，2016（16）.

[30] 时啸鸽 . 邓小平对毛泽东文艺思想的继承与发展 [J]. 邓小平研究，2022（3）.

[31] 徐忠 . 论德育在邓小平教育思想中的地位 [J]. 安顺师范高等专科学校学报（综合版），2005（3）.

[32] 程晋富 . 论邓小平理论的思想政治教育资源与功能 [J]. 教育与职业，2006（23）.

[33] 王悦心 . 习近平总书记关于美育重要论述的传统文化基因 [J]. 宁夏大学学报（人文社会科学版），2023，45（05）.

[34] 樊香辰 . 全球化背景下非物质文化遗产的现状分析与发展创新：以大型敦煌舞剧《丝路花雨》为例 [J]. 中国民族博览，2021，（10）.

[35] 朱兵 .《中华人民共和国非物质文化遗产法》的主要内容与制度解读 [J]. 中国非物质文化遗产，2021（01）.

[36] 滕丹 . 新时代高校美育工作的现实困境及破解路径 [J]. 学习与探索，2022（9）.

[37] 符永新 . 非物质文化遗产视角下海南黎族传统体育文化保护与传承研究 [D]. 江西理工大学，2020.

[38] 陈晨 . 王国维美育思想研究 [D]. 安徽师范大学，2020.

四、网络文献

[1] 中华人民共和国教育部关于切实加强新时代高等学校美育工作的意见 [EB/OL]. http://www.moe.gov.cn/srcsite/A17/moe_794/moe_624/201904/t20190411_ 377523. html.2019–04–02.

[2] 中共中央办公厅、国务院办公厅 . 关于全面加强和改进新时代学校美育工作的意见 [EB/OL]. https://www.gov.cn/gongbao/content/2020/content_5554511.html. 2020– 10–15.

[3] 新华社 . 习近平出席文化传承发展座谈会并发表重要讲话 [EB/OL].http://www.gov. cn/yao-wen/liebiao/202306/content_6884316.htm.2023–06–08.

[4] 中共教育部党组 . 高标准高质量开展主题教育奋力建设教育强国 [EB/OL].http:// www.moe.gov.cn/jyb_xwfb/moe_176/202305/t20230516_1059876.html.2023–05–16.

[5] 教育部 . 关于切实加强新时代高等学校美育工作的意见 [EB/OL].http://www.moe. gov.cn/srcsite/A17/moe_794/moe_624/201904/t20190411_377523.html.2019–04–02.